버려야
보인다

| 버려야만 볼 수 있는 것, 알 수 있는 것, 얻을 수 있는 것 |

버려야 보인다

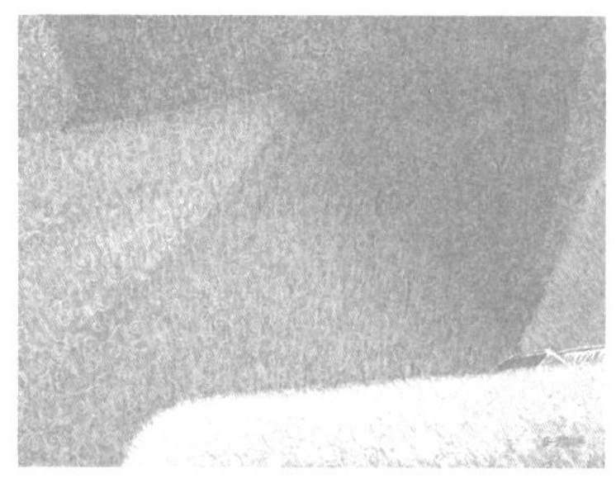

윌리엄 폴 영·앤디 앤드루스·로버트 아우만 등 지음 | 허병민 기획·엮음 | 안진환 옮김

카시오페아
Cassiopeia

무엇을 버려야 하는지를 안다는 것

문제는 녹음기가 아니야, 바보야!

조금 웃기게 들릴 수도 있지만, 이 프로젝트는 한 대의 녹음기에서 비롯됐습니다. 세계적인 문명비평가 A와 저 사이의 웃지 못할 해프닝이 모든 것의 시작이지요(이름은 밝힐 수 없는 점, 양해 부탁드립니다).

2013년 12월 초, 평소처럼 저는 다음에 진행할 새로운 프로젝트를 준비하며 섭외 리스트 1순위였던 A에게 메일을 보냈습니다. 이러이러한 기획의 프로젝트인데, 시간 내서 참여해줄 수 있겠느냐고 의사를 타진했지요. 꽤 쿨하고 강단 있는 대답이 돌아왔습니다.

"당신을 위해 공짜로 일해달라는 건가요You want me to work for you for free? 인터뷰는 괜찮지만, 새로운 글을 쓰는 등 시간을 충분히 들여야 하는 일을 무료로 해달라는 건 제 지적재산권을 존중하지 않는 것이기에 거절하겠습니다."

원래는 한 편의 에세이를 요청하려고 했지만, 이렇게 단도직입적으로 나오니 달리 방법이 없겠더군요. 그냥 인터뷰를 하겠다고 했습니다. 그랬더니 이번엔 "대답을 녹음할 녹음기가 필요한데, 현재 제겐 녹음기가 없습니다. 인터뷰를 녹음하기에 적절한 녹음기를 하나 추천해 주세요"라고 하더군요.

이건 뭐지? 스카이프skype 같은 화상 채팅 프로그램 갖고도 충분할 텐데 하는 생각이 들었지만, 한편으로는 이분이 워낙 연배가 있으신 분이라 녹음기 같은 옛날 방식을 고수하나 보다 싶었습니다. 적당한 녹음기를 구할 때까지는 인터뷰 진행이 힘들다고 하더군요. 그런데 이야기가 여기까지 흘러오니 이분이 절대 만만하게 볼 상대가 아닌 것 같다는 생각이 들어 노파심에 재차 확인할 겸 이렇게 여쭤봤습니다.

"혹시 인터뷰에 대해 비용을 지불해야 하나요?"

깐깐한 분답게 이번에도 명확한 대답이 돌아왔습니다.

"당연한 거 아닌가요? 제가 녹음기를 제 돈으로 직접 구입하는데, 최소한 그 비용만큼은 당신이 메워줘야 하는 거 아닌가요?"

결론만 말씀드리면 이분과의 인터뷰는 성사되지 않았습니다. 인터뷰를 잘 안 하기로 소문난 이분과 인터뷰를 할 수 있는 천금 같은 기회를 얻었는데 돈 얼마 지불하는 게 뭐가 그리 아까웠겠습니까. 서로 이메일을 교환하는 사이 이분에게 다른 일정이 줄줄이 생겨 물리적으로 진행할 수 없었던 것도 있습니다만, 그보다도 제가 의욕이 꺾였던 게 가장 큰 이유입니다. 솔직히 당시 속으로 이런 생각이 들었습니다.

'아니, 저 정도로 유명하고 잘나가는 분이 뭔 녹음기 하나 사는 비용조차 저렇게 끝까지 받아내려고 하지? 녹음기가 비싸 봤자 얼마나 한다고.'

3주 동안 인터뷰를 하네 마네 메일만 몇십 통 왔다 갔다 하는 사이 진이 다 빠진 거지요. 유 윈.

본질에 다다르기 위해서는
비본질적인 것을 쳐낼 줄 알아야 한다

그렇게 인터뷰를 진행하지 않기로 정리하고 한 일주일쯤 지났을까요. A로부터 메일이 한 통 왔습니다. 메일에는 딱 한 문장이 적혀 있더군요.

"당신은 자신의 일을 어떻게 생각하나요?"

뒤통수를 한 대 맞은 기분이 들었습니다. 그제야 조금씩 이해가 되기 시작하더군요. 이분이 왜 그렇게 녹음기에 목숨(?)을 걸었는지 말입니다. 이분에게 녹음기는 그저 하나의 고철 덩어리가 아니라, 자신의 일에 대한 가치를 상징하는 물건이었던 겁니다. 스스로 자기 일을 어떻게 생각하는지를 증명하고 대변해주는 매개체였던 셈이지요. 그가 고집을 부렸던 건 결국 자기 일에 대한 소중함, 나아가 스스로에 대한 자존감에 다름 아니었던 겁니다. 그는 주변 사람들이 나의 일을 (혹은 나를) 어떻게 생각하든 그들의 생각과 관계없이 내가 나의 일을, 나 자신을 어떻게 생각하는지가 훨씬 더 중요하다는 사실을 저에게 알려주려고 했던 건지도 모르겠습니다.

그의 메일을 받고 나서 몇 주 동안 참 많은 생각을 했습니다. 제가 그동안 제 일을 어떻게 대해왔는지, 무엇보다도 지금까지 사회생활을 하면서 주변 사람들과 어떤 식으로 일해왔는지를 돌아보게 됐지요. 돌이켜보니 저는 저 자신의 일을 지나치게 소중하게 생각한 나머지 모든 일에서 항상 저를 중심에 놓았던 것 같습니다. 일이 제가 원하는 방향으로 굴러가지 않을 땐 사방팔방 분노를 터뜨렸고, 상대방과 조금이라도 의견 차이가 있으면 귀를 닫아버리거나 굴하지 않는 자존심으로 그의 기를 꺾어놓으려 했지요. 한 건이 잘 마무리되면 친구가 되고 한 건이 틀어지면 상대를 적으로 만들어버리는, 그야말로 일희일비하는 작업 스타일을 고수했습니다. 비유컨대 저는 언제나 갑(甲)이었고 제 일과 관련된 모든 사람들은 을(乙)이었습니다. 일에 대한 애정을 넘어 지나친 자신감이 결국 일의 과정과 결과 모두를 갉아먹고 있었던 거지요. 원했든 원하지 않았든, 저는 A 덕분에 잠깐이나마 '일의 본질'에 대해 복기해보는 시간을 가질 수 있었습니다. 그리고 그 과정에서 제가 얻은 게 하나 있지요.

버리기(비우기)

복습의 시간 내내 제 머릿속을 맴돈 단어입니다. 일에 관한 한 나 자신을 좀 덜어내야겠다는 생각을 했는데, 이것이 본의 아니게 '삶에서 덜어내야 하는 것'으로 생각이 꼬리에 꼬리를 물더군요. 이런 의문이 들었습니다. 그동안 성공을 위해 열심히 달려온 우리는 더 나은 스펙, 더 나은 연봉, 더 나은 삶의 질, 더 나은 나를 얻기 위해 죽자사자 삶에 '덧셈'을 해왔는데, 반대로 과연 얼마만큼 신중하게 제대로 된 '뺄셈'을 해왔을까. 그렇게 '무엇을 삶에 더해야 하는가'보다는 '무엇을 삶에서 없애나가야 하는가'에 생각의 초점이 모아졌고, 그것은 다시 '없앤다면 무엇을 없애고 줄여야 하나'라는 질문으로 자연스럽게 이어지게 된 거지요. 이 책의 콘셉트인 '우리가 인생을 한층 업그레이드하기 위해 버려야 할 단 한 가지는 무엇인가'는 이렇게 해서 나오게 된 겁니다.

인생에 철학을 더하는 법

2014년 3월부터 8월까지 저는 48명의 세계적인 석학·리더들과 즐거운 소통의 시간을 보냈습니다. 약 6개월간 다양한 분야에 종사하는 전문가들과 이야기를 나누면서 느낀 게 한 가지 있습니다. 물론 이 책이 지향하는 콘셉트처럼 '삶에서 버려야 할 한 가지'와 관련해서 말입니다.

여러분, 혹시 기억하시나요? 2005년 KBS 연기대상 시상식에서 〈불멸의 이순신〉으로 대상을 수상한 연기자 김명민 씨가 무대 위로 올라와 수상소감으로 뭐라고 얘기했는지. 당시 그는 이렇게 말했습니다.

"내가 최고다, 라는 어리석은 생각은 버리겠습니다.

제 자신을 위해서 연기하지 않겠습니다."

비유하자면 이런 느낌이었습니다. 단 한 명도 예외 없이, 모두가 한결같이 보여준 자세지요. 연배가 높든 낮든 '내가 이 프로젝트에 참여하면 어떻게, 어떤 식으로 기여할 수 있지?'라는, 이 일이 자신이 정의하는 의미와 가치에 부합하는 일인가를 계속 되묻고 확인했다는 것. '내 이야기가 독자에게 영감을 줄 수 있는지', '나 스스로 재미를 느끼는지'에만 초점을 맞췄다는 것. 그래서인지 수많은 대화가 오고 가면서 제가 가장 많이 접한 단어 역시 'interesting', 'happy', 'meaning', 'contribute(기여하다)'였습니다. '내가 이 정도 되는 사람이니까 당연히 이 정도 수준의 얘기는 해줘야지', '이 정도 대접은 받아야지' 식의 분위기는 단 한 순간도 느껴본 적이 없습니다. 오히려 작업이 다 끝나면 메일로든 전화로든 저에게 확인하고 또 재확인하면서 "이 정도면 충분하겠어? 내가 더 보충해줄 건 없어? 더 필요하거나 물어보고 싶거나 잘못된 부분이 있으면 바로 알려줘."라는 얘기를 들었던 기억은 셀 수 없을 정도로 많지요. 자신이 집필한 원고에 대해 보상을 요구한 분? 시간을 더 달라고 한 분은 있었어도 돈을 달라고 한 분은 단 한 분도 없었습니다.

나는 나의 일을 어떻게 생각하는가.

나는 일을 하는 동안 진심으로 즐겁고 행복한가.

인생을 좀 더 뜻깊게 만들기 위해
내가 버리거나 포기해야 할 것이 있다면,
그것은 과연 무엇인가.

창조적인 사람들은 보통 두 가지를 동시에 갖추고 있다고 하지요. '모든 사람의 말을 듣는다'와 '누구의 말도 듣지 않는다'. 이 책에 소개된 48명의 전문가들의 이야기에 귀를 기울여보되, 다 본 후에는 말끔하게 머릿속에서 지워보는 건 어떨까요. 결국 인생을 개척하고 바꿔나가는 건 다른 누구도 아닌 바로 나 자신이니까요.

2015년 7월
Talent Lab 서재에서
허병민

차례

3. 현상은 복잡하지만 본질은 단순하다

4. 타인의 욕망을 욕망하지 않는 법

5. 용감하지만 미친, 미쳤지만 용감한

6. 보이지 않는 것을 보는 법

7. 인생은 지금, 바로 여기

8. 잠시 꺼두셔도 좋습니다

1

판만 바라보면 진짜 판을 읽지 못한다

마이클 달렌

스케줄 표를 **버리면** 진짜 인생이 보인다

어느 늦은 밤, 아내가 말했다.

"당신이 할 필요가 없는 일들 좀 제발 그만해."

내가 병원에서 막 돌아온 참이었다. 온갖 검사를 잇달아 한 뒤 병원에서는 내 몸 우반신이 가끔 말을 안 듣는 이유가 과로 때문이라고 결론 내렸다.

내가 평소에 하는 일을 모두 세어보니 일 사이에 잠깐 자는 두 시간을 제외하고는 너무나도 많은 일을 하고 있었다. 아내가 제안한 해법은 아주 간단하고 명쾌하기 그지없었다. 업무량과 스트레스를 줄이기 위해 할 필요가 없는 일은 모두 그만두라!

그날 밤 잠들기 전에 다음날 정말로 할 필요가 없는 일이 무엇일까 생각해봤다. 회의? 전화통화? 아니면 수많은 이메일을 읽고 답하는 일? 이튿날 나는 회의에 참석하지 않았다. 처음에는 좀 걱정이 됐다. 정말 빠져도 될까? 하지만 회의에 빠지면서 얻은 중요한 결과는 내가 느긋하게 쉬며 심신을 재정비할 수 있는 자유 시간을 갖게 된 것이었다. 회의 하나쯤 건너뛴다고 세상이 끝나지도 않았고 크게 언짢아하는 사람도 없었다.

다음날엔 이렇게 해보았다. 걸려오는 전화를 받지 않았고, 수많은 이메일도 처리하지 않고 무시했다. 역시 전날과 같은 결과를 얻을 수 있었다. 내겐 그만큼의 여유 시간이 늘어났다. 그날 밤 잠들기까지 시간이 꽤 걸렸다. 그리고 침대에서 뒤척이며 깨달았다. 언제든 내가 '죽어도 꼭 해야 하는 일'이란 없다는 사실을.

이건 비단 나한테만 해당하는 얘기가 아니다. 사실 사람들 대부분도 마찬가지다. 아주 드문 경우를 제외하고 우리가 '꼭 해야 하는 일'은 없다. 오늘도 우리는 단지 해야만 한다는 생각 때문에 많은 일을 할 것이다. 우리의 행복에 영향을 주는 일들을. 사실상 이 일들은 다른 그 어떤 것보다도 더 크게 우리의 행복에 영향을 미친다.

나는 이에 대해 오랫동안 연구했기 때문에 잘 알고 있다. 전 세계의 많은 학자들도 유사한 연구를 해왔다. 의무감 때문에 하는 일은 삶의 행복에 가장 큰 영향을 미친다. 우리 인생의 그 어떤 것보다도 말이다. 결혼이나 출산, 승진, 가족이나 친구와의 유대, 일에 대한 자부심 같은 것보다 더 큰 영향을 미친다.

이유는 간단하다. 해야 하는 일들은 우리가 가족, 친구와 함께 보낼 시간이나 우리에게 정말 의미 있고 중요한 일을 할 시간을 빼앗아 가기 때문이다. 그러니 행복감이 높지 않은 게 당연하지 않겠는가? 그래서 나는 좌우명을 이렇게 정했다.

"죽어도 해야만 하는 일은 없다."

이는 하루 스케줄이 너무 빡빡할 것 같으면 몇 가지 일은 건너뛴다는 뜻이다. 또 내가 하는 일에 대해 너무 걱정하지 않는다는 뜻이기도 하다. 설령 어떤 일이 좀 꼬인다 하더라도 세상이 끝나지는 않을 테니까. 그리고 내가 하는 일의 이유와 동기를 찾으려고 애쓴다. 의무감 때문이 아니라 '진정 원해서' 하는 일이어야 내 삶이 더 행복해질 수 있으니까.

크게 보면 내 일과에 억지로 끼워 넣던 몇 가지를 빼버렸다는 의미일 수도 있겠다. 그러나 가장 중요한 것은 내가 하는 일에 열정과 관심을 더욱 쏟게 되었다는 점이다. 그러자 왠지 실제로 더 많은 일을 해내고 있는 듯한 기분이 들기 시작했다. 아마 내가 하는 모든 일에서 전보다 훨씬 많은 것을 얻고 있어서일 것이다. 이제는 일을 할 때 집중해서 열정적으로 자부심을 느끼며 즐기면서 한다. 그리고 오로지 긍정적인 면만을 보려고 한다. 사실상 부정적인 면은 없으니까.

마이클 달렌
Micael Dahlén

34살의 나이에 스톡홀름경제대학교 교수가 된 달렌은 소비자 행동과 창의성, 마케팅 분야에서 순식간에 영향력 있는 전문가의 위치에 올라섰다. 달렌은 그의 연구 분야 전문가들 중에서 세계 10위로 뽑혔으며, 이코노미스트 인텔리전스 유닛Economist's Intelligence Unit이 선정하는 '올해의 경영학 교수' 후보에 올랐다. 마케팅, 행복, 연쇄 살인범, 섹스, 소셜미디어 등 다양한 주제의 책을 저술했다.

예상하지 못한 일을 예상하는 법

빌 맥고완

요즘 같은 세상에서는 "죽고 나야 잠잘 시간이 생길 거야" 하는 식의 생활 태도가 어쩐지 멋져 보인다. 오늘날 현대사회는 우리에게 인생이 짧다는 사실을 끊임없이 상기시킨다. 귀중한 시간을 단 1분이라도 헛되이 낭비하지 말라는 것이다. 나 역시 이런 근시안적인 사고방식에서 벗어나지 못했다. 나도 한때는 이렇게 생각했다.

'스케줄 표를 빈 공간이라곤 하나 없이 꽉꽉 채우면 삶에서 두 배는 더 많은 경험을 쌓을 수 있을 거야. 생산성도 곱절이나 높아지고 내 사업도 두 자릿수 속도로 성장할 거야.'

빽빽한 일정을 세우는 습관을 갖고 있던 내게 번쩍 하는 깨달음이 찾아온 것은 5년 전 아부다비에서였다. 당시에 나는 어느 기업 중역으로부터 텔레프롬프터(테이프가 돌면서 출연자나 앵커에게 대사 등을 보여주는 장치-옮긴이) 사용법을 교육해달라는 의뢰를 받았다. 중역은 곧 열릴 글로벌 콘퍼런스에서 사회를 맡기로 한 터였다. 그는 성격이 급하고 까다로운 타입이었지만, 그래도 세 차례에 걸친 교육은 만족스러울 만큼 순조롭게 진행되었다. 도중에 기술적인 문제나 오류가 발생하는 일 없이 무사히 끝나서 다행이었다. 이런 종류의 교육에는 이런저런 까다로운 장비가 많이 사용되므로 내심 걱정스러웠기 때문이다.

집으로 돌아오기 전날, 나는 여유 있게 관광이나 즐길 요량으로 외출을 준비하고 있었다. 그때 전화벨이 울렸다. 그 중역이었다. 짧게나마 교육을 한 번만 더 해줄 수 없겠느냐며 자기 사무실로 와달라는 것이었다. 혼자만의 시간을 즐기려던 참이라 김이 팍 샜지만 어쩌겠는가. 싫은 내색을 하지 않고 곧 가마고 대답했다.

추가 교육 시간은 오후 2시로 정해졌다. 그런데 사실 새로운 고객이 그날 정오에 미팅을 하고 싶다는 의사를 그 전날에 밝혔던 터라, 중역과의 약속은 2시니까 새 고객과 미팅을 잡아도 얼핏 충분할 것 같았다. 하지만 곰곰 생각해보니 미팅을 잡으면 교육 시작 전에 장비를 설치하고 준비할 시간이 30분밖에 안 된다는 계산이 나왔다. 새 고객을 확보할 기회를 놓치지 않고 싶은 마음도 컸지만, 교육 진행과 관련한 모든 상황이 반드시 척척 순조롭게 흘러갈 것이라고 가정해서는 안 된다는 직감이 들었다. 나는 그즈음 늘 명심하려고 애쓰던 나만의 모토를 떠올렸다.

"만일 일찍 도착했다면 제시간에 온 것이고, 제시간에 왔다면 늦은 것이고, 약속 시각에 늦었다면 끝장이다."

결국 나는 정오에 미팅 약속을 잡지 않는 쪽을 택했다. 그때만 해도 그런 결정을 내린 것이 얼마나 다행한 일이 될지 알지 못했다.

나는 교육 장소에 한 시간 일찍 도착했다. 그리고 나중에야 깨달았지만 그 60분은 내게 너무나도 소중한 시간이었다. 나는 우아하고 전망 좋은 중역의 방에 장비를 설치하기 시작했다. 중역은 회의에 참석하느라 방에 없었다. 삼각대 위에 놓인 카메라 앞쪽에 텔레프롬프터를 설치한 다음, 전원 선을 벽의 콘센트에 꽂으려고 몸을 돌렸을 때였다. 갑자기 뒤쪽에서 뭔가 쿠당탕하는 요란한 소리가 났다. 재빨리 뒤를 돌아보니 삼각대 다리가 부러져 카메라가 바닥으로 떨어지는 바람에 텔레프롬프터의 유리 패널이 산산 조각난 게 아닌가! 이 장비의 가장 중요한 부분이 말이다.

부서진 유리 조각이 고급스러운 카펫 여기저기에 흩어져 있었다. 어떻게든 이 상황을 수습하지 못할 경우 산산이 부서지게 될 나의 평판을 보여주는 것만 같았다. 순간 머릿속에 이런 생각이 스쳤다.

'추가 교육을 정중히 거절했다면 좋았을 것을. 그랬다면 세 차례의 교육을 성공적으로 마친 멋진 모습으로 유종의 미를 거둘 수 있었을 텐데. 이제 중역이 돌아와 난장판이 된 방을 보면 그의 머릿속에 나는 끔찍한 마지막 인상을 남기게 되겠지.'

하지만 자책과 괴로움에 앉아만 있을 수는 없는 노릇이었다. 나는 중역의 비서에게 소심하게 물었다.

"빗자루랑 쓰레받기가 있으면 좀 쓸 수 있을까요?"

그런 후 내 입에서는 더 기이하고 절박한 질문이 흘러나왔다.

"혹시 9×12인치 크기의 유리 패널 같은 것 안 갖고 계시는지요?"

물론 내가 비서에게 건네받은 것은 빗자루와 쓰레받기뿐이었다. 처참한 파편들을 다 치우고 난 후 내 앞에는 유리 조각보다 훨씬 더 심각한 문제가 놓여 있었다. 이제 20분쯤 후면 중역이 돌아올 텐데 새로운 유리 패널을 대체 어디서 구한단 말인가? 게다가 9×12인치와 비슷한 것이 아니라 '정확히' 9×12인치짜리여야 했다. 텔레프롬프터의 유리가 들어가는 부분에는 홈이 나 있어서 거기에 맞춰 유리를 끼워 넣게 되어 있다. 유리가 반 인치만 치수가 달라도 전혀 쓸모가 없다.

나는 지푸라기라도 잡는 심정으로 재빨리 온 방 안을 눈으로 훑기 시작했다. 당연히 유리 패널을 대체할 만한 물건은 눈에 띄지 않았다. 꼼꼼하게 정리된 중역의 방에서 제자리에 놓이지 않은 물건이라곤 없었다. 구석에 놓인 운송용 상자 하나를 빼고는.

망신살이 뻗칠 순간을 목전에 남겨둔 나로서는 별달리 할 일도 없고 해서 상자에 뭐가 있나 슬쩍 들여다보았다. 그런데 상자에 붙은 스티커에 "프롬프터 피플 사(社)"라고 적혀 있는 게 아닌가! 하도 다급하니 환각이 보이는 건가? 그러고 보니 중역의 부하 직원들이 자체 텔레프롬프터 장비를 장만하려고 알아보는데 마음에 드는 제품을 찾지 못했다고 말했던 게 퍼뜩 생각났다. 그들이 이 제품을 시험해봤을까?

나는 방안을 두리번거리며 나 혼자뿐인 것을 다시 확실히 확인한 다음 상자를 열었다. 손을 깊이 집어넣고 더듬었다. 각이 지고 차가운 촉감의 무언가가 만져졌다. 놀랍게도 그 안에는 내가 찾는 크기와 거의 비슷한 유리 패널이 들어 있었다. 하지만 섣부른 희망을 품기엔 일렀다. 내가 쓰던 장비는 그 상자 안의 제품과 제조사가 달랐으니까. 이게 들어맞을 확률이 과연 있을까?

혹시나 하는 기대를 품고 아주 조심스럽게 유리 패널을 꺼내 내 장비의 홈에 대보았다. 크기가 얼추 맞아 보였다. 어떻게 이런 일이! 유리 패널은 홈에 쏙 들어갔다. 나는 정말로 바닥에 무릎을 꿇고 감사 기도를 올렸다. 어릴 적에 닥터 수스Dr. Seuss의 《모자 쓴 고양이The Cat in the Hat》에서 읽은 이후로 이렇게 엄청난 참사를 감쪽같이 숨기는 일은 처음 목도하는 셈이었다.

마지막으로 나는 강력 접착테이프로 삼각대 다리를 단단히 고정했다. 잠시 후 중역이 돌아오고 나서 우리의 교육은 아무런 문제 없이 정상적으로 진행됐다. 물론 중역은 방에 들어오기 전에 무슨 일이 있었는지 까맣게 모르는 채로. 결과적으로 앞에 비어 있던 시간에 '또 다른 스케줄'을 잡지 않은 덕분에 참사를 피할 수 있었던 셈이다. 만일 내가 새 고객과 미팅을 잡았다면 유리 패널 사건을 수습할 시간이 턱없이 부족했을 테고, 결국 중역은 카펫 위에 유리가 지저분하게 깨져 있고 교육에 필요한 장비가 망가진 모습을 목격했을 것이다.

그날 이후로 나는 직감의 신봉자가 되었다. 예상 밖의 일을 예상하라. 어떤 일이든지 원래 예상한 시간보다 더 소요된다고 가정하고 스케줄을 세워라. 하루 스케줄을 너무 빽빽하게 잡아놓으면 어느 한 부분만 꼬여도 전체 스케줄이 줄줄이 무너져서 회복할 수 없는 지경에 이를지 모른다. 정신없이 바쁘게 돌아가는 스케줄을 소화하는 것을 무슨 명예 훈장인 양 여기지 마라. 친구들이 "요즘 어때?"라고 물어올 때 "돌아버릴 만큼 바빠 죽겠어"라고 대답하면서 만족과 쾌감을 느끼는 사람이 되지 마라.

하루 스케줄을 짤 때 15분이라는 완충 장치를 반드시 끼워 넣는 것이 좋다. 거래처 미팅과 다른 중요한 전화통화 사이에든, 누군가와 통화를 하는 일과 하교 시간에 아이를 데리러 가는 일 사이에든 말이다. 그래야 정신없는 분주함에 마음이 흐트러지지 않고 '현재'에 충실하면서 지금 눈앞의 일에 온전히 집중할 수 있다. 적절한 완충 시간 없이 이 일에서 저 일로 끊임없이 옮겨 다니는 사람은 결코 명석함과 집중력을 얻지 못한다.

이것은 성공에 이르기 위해 반드시 필요한 자질이다. 당신의 하루가 계획한 스케줄에 뒤처지지 않고 무난하게 순항 중이라면, 완충 시간을 보너스 선물로 여기고 다음 활동과 관련한 계획을 세우는 시간으로 활용해도 좋으리라. 아니면 그 시간에 소중한 누군가에게 온전히 집중하며 진심 어린 관심을 기울여보라. 요즘처럼 너도나도 바쁜 세상에서 타인에게 줄 수 있는 가장 귀한 선물이자 존중의 표현이 될 것이다.

빌 맥고완

Bill McGowan

클래러티 미디어 그룹Clarity Media Group의 창립자 겸 CEO다. 언론에서 활동하면서 각계각층의 인사 700여 명을 취재했고 에미상Emmy Award 기자 부문을 두 번이나 수상했다. 지금은 그 경험을 바탕으로 TV에서나 청중 앞에서 자신감 넘치는 태도로 소통하는 방법을 코칭하고 있다. 저서 《세계를 움직이는 리더는 어떻게 공감을 얻는가Pitch Perfect》가 한국에서 2014년에 번역 출간되었다.

아리 마이젤

우리가 생각할 것은 오로지 **'타이밍'**뿐!

대부분 사람들은 각자 나름대로 '해야 할 일 목록'을 작성한다. 하지만 그것이 오히려 생산성을 떨어트리고 정신에도 해롭다는 게 내 생각이다. 생활이 늘 바쁘게 돌아가는 사람이라면 아마도 그 목록에 10가지나 20가지, 어쩌면 50가지나 되는 할 일이 빼곡히 적혀 있으리라. 그런데 문제는 그것들을 당장 완료할 수가 없다는 사실이다. 다음의 두 가지 이유 중 하나 때문이다. 다른 누군가가 먼저 일을 끝낸 다음 당신이 나서야 할 일이거나 들어가는 노력과 시간 면에서 너무 방대한 작업이거나 둘 중의 하나라는 얘기다.

나는 해야 할 일 목록에 '책 쓰기'를 포함해놓은 사람들을 여럿 봤다. 어찌 보면 참 딱한 노릇이다. 책을 쓰는 데는 몇 개월, 심지어 몇 년이 걸릴 수도 있는데 그 엄청난 작업을 '책 쓰기'라는 단 두 단어의 항목으로 축약해놓다니!

본래 인간은 일을 완료해 매듭짓고 싶어 하는 경향이 있다. 지금 당장 손댈 수 없는 일들을 줄줄이 적어놓은 '할 일 목록'을 앞에 두고 있으면 그것들을 당장 완료할 수 없다는 사실만 자꾸 상기하게 된다. 그러면 마음속에 무력한 낙담과 부정적인 감정만 쌓인다. 결과적으로 생산성도 낮아질 수밖에 없다. '할 일 목록'이라는 것을 당신 생활에서 과감히 없애버려라. 할 일을 깨알같이 적어놓고 초조해 하며 걱정할 필요도, 어떤 걸 먼저 하고 어떤 걸 나중으로 미룰지 고민할 필요도 없다. 당신이 생각할 필요가 있는 것은 오로지 '타이밍'뿐이다.

어떤 일이든 그것에 적절한 타이밍이 있는 법이다. 일을 시작해야 하는 때나 점검해야 할 때, 혹은 끝내야 할 때가 있다. 중요한 것은 당신이 실제로 그 일에 손댈 수 있는 순간에만 그것과 마주하는 것, 그리고 그 외의 시간에는 그 일에 대해 완전히 잊어버리는 것이다. 이것은 내 나름의 생산성 시스템인 '할 일 줄이기'의 원칙이다. 이 시스템의 목적은 사람들이 생활의 많은 일들을 최적화하고 자동화하고 아웃소싱하여 보다 생산적이고 효과적인 삶을 살 수 있게 돕는 것이다. 나는 사람들이 불필요한 일에 소비하는 시간을 최대한 줄여 자신의 내적 자원을 한층 풍요롭게 활용할 수 있기를, 정말 원하는 일을 하면서 스트레스에서 더 자유로워지기를 바랐다.

내가 삶의 생산성을 높이는 방향을 추구하기 시작한 것은 건강에 심각한 적신호가 켜지면서였다. 2006년에 나는 크론병Crohn's disease 진단을 받았다. 병세가 악화돼 목숨이 위태로운 지경까지 갔고 날마다 삼켜야 하는 16가지 약이 가져온 부작용도 겪었다. 이후 나는 삶에 대해 견고한 주인의식을 갖기로 결심하고 내 삶의 모든 부분을 추적하고 나 자신을 실험하는 기나긴 여정에 돌입했다.

몸의 상태를 정확하게 파악한 뒤 병마와 싸워 이기는 데 필요한 영양 식단, 운동, 보충제를 택하기 시작하면서, 스트레스라는 커다란 적군이 여전히 내 삶의 발목을 붙잡고 있고 그것이 병의 치료도 지연시키고 있다는 사실을 깨달았다. 정신을 짓누르는 이런저런 중압감은 몸에 끔찍한 영향을 미치고 만성적인 스트레스와 염증까지도 유발한다. 크론병 같은 질병을 앓지 않는 평범한 사람이라도 말이다. '이 일을 해야 해. 저것도 끝내야 해' 하면서 끊임없이 초조해 하며 걱정하지만 정작 그 일을 할 시간은 없고, 그러다 보면 주변 사람들과 자기 자신을 실망시키게 되고, 심지어 그 걱정 때문에 잠도 설치고……. 이래서야 어찌 '삶을 산다'고 할 수 있겠는가.

'할 일 목록'을 없앤다는 것은 얼핏 사소한 일처럼 느껴지지만, 내게 그것은 병마와 싸워 이길 수 있는 정신적, 감정적 힘을 키우기 위한 아주 커다란 첫걸음이었다. 그리고 지금 누구보다 생산성이 높은 삶을 살 수 있게 된 계기이기도 했다.

아리 마이젤
Ari Meisel

2006년에 크론병 진단을 받았으나 병과 싸워 이겨 약물치료를 중단해도 되는 상태에 이르렀다. 이후 극복 불가능해 보이는 병마와 싸운 경험을 주제로 여러 세미나에서 연설했고 TED 강연도 했다. 데이터 수집과 자기 추적 및 분석을 통해 '할 일 줄이기Less Doing'라는 삶의 전략을 개발했다. 현재 '어치브먼트 아키텍처Achievement Architecture'라는 코칭 프로그램을 통해 많은 이들이 더 만족스럽고 효과적인 삶을 살 수 있도록 조언하는 일에 집중하고 있다.

나의 무기가 **나의 한계**가 될 때

기 호프만

삶을 살아오면서 직업적으로 그리고 개인적으로 내가 가장 가치 있다고 느낀 것은 자기 훈련과 정확성, 끈질긴 집념이었다. 공적인 삶에서든 사적인 삶에서든 내가 세우는 체계는 늘 명확했다. 성공하려면 우선 분명한 목표를 정해야 하고, 이를 달성하는 데 필요한 모든 것을 배워야 하며, 모든 지식을 갖춘 전문가가 되어 예상할 수 있는 잠재적 문제의 모든 해결책을 알아내야 하고, 모든 선택안을 가늠하고 모든 계획을 평가하며 규율과 끈기로 무장한 채 목표를 향해 단계적으로 나아가야 한다. 이것이 내가 생각한 성공의 비결이었다. 20대부터 30대 초반까지 나에게는 분명히 지켜야 할 세 가지가 있었다.

1. 어디로 가야 하는지 알기 전까지 움직이지 않는다.
2. 어떤 일을 최고로 잘하기 전까지 그 일에 착수하지 않는다.

3. 목표를 달성할 때까지 멈추지 않는다.

미지의 사항에 대한 대비도 잊지 않았다. 미리 모든 문제를 예상하려 노력했다. 문제가 발생하면 즉각 해결할 수 있도록 완벽하게 준비하기 위해서 말이다. 요컨대 나는 내가 하는 일에 대해 정확히 알고 있어야 했다.

이런 태도 덕분에 내가 특정한 성공을 거두었음은 의심의 여지가 없다. 그리 넉넉지 못한 가정에서 자라 18살 무렵 독립한 나는 열심히 공부해서 최고 수준의 교육 프로그램을 보유한 학교에 다녔고 MIT에서 박사 학위까지 받았다. 어렸을 때는 꿈도 꿀 수 없던 일이다. 비극적으로 끝난 아버지의 굴곡 많았던 삶에 일부 영향을 받은 탓인지 나에게 실패는 언제든 가까이 다가올 것 같은 위협적인 존재였다. 내가 그렇게 단단히 부여잡은 신념을 잠깐이라도 놓는 순간, 모든 것이 무너져 내릴 것이고 인생에서 어떤 것도 이루지 못할 것이라는 강박에 사로잡히지 않을 수 없었다.

물론 이런 식의 헌신적인 자기 통제는 한편으로 효과가 있었다. 하지만 다른 한편으로는 이런 자세 때문에 창의성과 독창성 면에서 뛰어넘기 힘든 한계에 부딪히곤 했다. 놀랍게도 그런 한계는 그동안 내가 비장의 무기라고 여겨왔던 것을 버려야 넘어설 수 있었다. 당시 나라는 존재의 핵심을 이루던 가치, 즉 내가 하고 있는 일을 명확히 알아야 한다는 생각, 영리하게 계산하고 전문성을 갖춰야 하며 모든 것을 예측하고 있어야 한다는 생각을 버려야 했다.

결론부터 말하면 나는 내가 하고 있는 일을 정확히 알아야 한다는 강박에서 벗어난 이후 경력 면에서 새로운 경지에 올라섰다. 무엇보다도 어디로 갈 것인지 파악하고 명확한 계획을 세우기 전까지는 움직이지 않는다는 전략으로 인해 거의 매번 전혀 움직이지 못하는 상황에 처하게 된다는 사실을 깨달았다. 그리고 과업을 수행하는 중에 만나게 될 모든 장애를 미리 파악하고 준비하는 경향 때문에 종종 일어나지도 않을 문제에 대비책을 세우느라 너무 많은 시간을 낭비하곤 했다.

그러다가 36살이 되기 바로 직전에 나는 깨달았다. 때로는 장난스러운 즉흥적인 태도가, 어디로 가는지 알지 못한 채 출발하고 정확히 무엇을 하고 있는지 모른 채 시작하는 태도가 가장 창조적이고 생산적인 성과를 낳을 수도 있다는 사실을 말이다. 내 전문 분야인 로봇공학처럼 정밀한 계산과 계획을 요구하는 분야에서도 얼마든지 그럴 수 있었다.

내가 하는 일을 정확히 알아야 한다는 강박에서 벗어나라

이 깨달음의 순간을 나는 정확히 기억한다. 그때 나는 막다른 벽에 부딪혔고, 따라서 내가 일하던 기존의 방식을 바꿀 수밖에 없는 처지였다. 당시 나는 애틀랜타에 있는 조지아공과대학교에서 연구원으로 새롭게 출발한 참이었다. 내 인생에서 정말 특별한 시기였다. 개인적인 사유로 경력을 쌓던 길에서 1년 동안 멀어져 있었고, 조지아공과대학교는 원래의 경력으로 복귀한 뒤 처음 일하게 된 일류 대학 연구소였다. 일을 쉬기 전에 나는 대단하지는 않지만 그래도 성공적인 길을 걷고 있었기에 경력을 이어갈 새로운 기회를 얻게 된 것에 의욕이 차오르는 한편 내가 여전히 유망함을 세상에 증명해야 한다는 걱정이 들기도 했다.

나는 로봇 뮤지션 분야의 세계적인 전문가 길 와인버그Gil Weinberg 교수의 실험실에서 일을 시작했다. 그곳은 인간 연주자들과 함께 즉흥적으로 재즈를 연주할 로봇을 만드는 실험실로 새로운 로봇의 개발을 막 끝마친 상태였다. 내가 일을 시작하자마자 와인버그 교수는 3개월도 채 남지 않은 콘서트 프로젝트에 참여하길 원하는지 물었다. 터무니없이 불가능한 일정이었지만 나는 나의 의욕과 재능을 보여주고 싶었다. 그래서 이 도전을 덥석 받아들였다.

그러고 나서 고민하기 시작했다. 이 콘서트를 위해서 어떤 종류의 로봇 시스템을 구축해야 하는가? 전에는 볼 수 없었던 새로운 것, 학술적인 가치도 있고 연주의 질도 뛰어난 것이어야 했다. 청중을 매료시키는 동시에 내가 속한 연구 학계도 매혹할 무언가를 선보여야 했다. 첨단 인공지능뿐 아니라 미학적 아름다움까지 갖춘 로봇이 필요했다. 그렇지만 내 앞에 놓인 것은 운영 소프트웨어라고는 아예 없는 말 없는 로봇뿐이었다. 나는 정말 열심히 고민하기 시작했다.

고민하고

고민하고

또 고민하고…….

하지만 아무것도 떠오르지 않았다. 오랜만에 연구 프로젝트를 맡은 탓인지 머릿속에 떠오르는 것은 오직 두 가지 범주에 속할 뿐이었다. 너무 단순해서 재미없거나 아니면 너무 복잡해서 실행 불가능하거나. 어쩌면 로봇 뮤지션에 대해 아직 충분한 지식이 없어서 그런 것인지도 몰랐다. 더 많은 책을 읽어야겠다는 생각이 들었다. 그래서 관련 자료를 읽기 시작했다.

읽고
읽고
또 읽고…….

그래도 여전히 아무것도 떠오르지 않았다. 내가 기여할 수 있는 바가 전혀 없다는 점만 더 확실해졌다. 한편으로는 아직 더 읽어야 할 것이 남아서 어떤 길로 나아가야 할지 확실히 모르는 것이라고 느꼈고, 다른 한편으로는 이미 모든 시도를 해봤다는 생각이 들었다. 문제는 시간이었다. 한 달이 그냥 지나갔고 콘서트까지 겨우 8주밖에 남지 않은 상황에 이르렀다. 그런데도 나는 아무것도 한 게 없었다. 텅 빈 프로젝트를 떠올리며 나는 점점 공황 상태에 빠져들었다.

이 시점에 나는 이러지도 저러지도 못할 때 종종 하던 일을 했다.

친구에게 전화하는 것이었다. 오랜 친구이자 내 인생의 현명한 안내자라 할 수 있는 다나와 스카이프로 화상 채팅을 했다. 다나는 내가 새롭게 자리 잡은 곳에서 잘 지내고 있는지 궁금해했다. 나는 그녀에게 모든 것을 이야기했다. 내가 지금 어떤 상황에 처해 얼마나 걱정하고 있는지와 또 이번이 내 인생에서 나 자신을 입증할 마지막 기회처럼 느껴진다는 것도 이야기했다. 모든 시도를 했지만 어떤 성과도 없었다고 말했다. 그러자 다나는 아주 놀라운 제안을 했다.

포기하라고 했다.

"포기하라고? 무슨 말이야?"

"그냥 포기하라고. 콘서트 같은 거 하지 마. 책임감에서 벗어나라고. 이제 막 시작한 일에서 실패해보라는 말이지. 훌륭하게 해내려고 하지도 말고 아예 그 일을 하지도 마. 대신 로봇을 가지고 그냥 놀면서 다른 사람의 시간과 돈을 낭비해보는 건 어때? 네가 어떤 아이라고 생각해봐. 이 세상에서 가장 멋진 장난감을 받은 아이라고. 음악을 연주하는 커다란 로봇을 받았다고 말이야. 그걸로 뭘 하고 싶을 것 같아? 그냥 재미있게 가지고 노는 거야. 이 로봇으로 뭘 테스트해보고 싶은데? 뭐가 궁금한데? 아무한테도 보고할 필요 없어. 어떤 결과를 내지 않아도 돼. 로봇이 영리하거나 새롭지 않아도 돼. 그냥 네가 하고 싶은 대로 로봇 장난감을 가지고 놀아봐."

아주 어처구니없는 생각 같았다. 이제 8주밖에 남지 않은, 내 경력을 지켜내기 위한 마지막 시도인데 그냥 놀라고? 말도 안 돼!

하지만 나는 궁지에 몰려 있었다. 내가 시도한 다른 어떤 것도 효과가 없었다. 어쩌면 며칠만이라도 그냥 포기 상태로 있어 봐야 하지 않을까? 일주일간 그냥 놀아볼까? 나는 다나의 말을 믿어보기로 했다. 다 포기하고 로봇을 가지고 놀기 시작했다.

맨 먼저 해보고 싶었던 일은 로봇이 얼마나 빨리 음을 내게 만들 수 있는지 알아보는 것이었다. 연주 속도의 한계를 넓혀보고 싶었다. 그래서 작은 프로그램 하나를 코딩하기 시작했다. 그냥 로봇을 점점 더 빠르게 연주하게 하는 아무 쓸모 없는 프로그램이었다. 곧 나는 해결해야 할 문제에 부딪혔다. 로봇을 더 안정적으로 움직이게 만드는 방법은 없을까? 로봇이 스스로 연주의 어느 단계를 가고 있는지 알게 하는 방법은? 만약 로봇이 자신의 연주를 듣고 어떻게 움직여야 할지 스스로 알게 된다면 어떨까?

나는 그렇게 할 수 있는 방법이 떠올랐고 즉시 실험해보았다. 며칠 동안 밤낮을 가리지 않고 그 실험에만 몰입했다. 콘서트는 완전히 잊고 로봇이 자신의 연주를 듣게 한다는 아이디어에만 몰두했다. 연구실에서 보내는 시간이 늘어나면서 제어 코드 역시 계속 증가했다. 예상치 못한 문제가 생기기도 했지만 나는 흥미로우면서도 복잡한 해결책을 찾아냈다. 결국 나는 의도하지도 않은 상황에서 로봇이 스스로 자신의 움직임에서 나는 소리를 듣고 자동으로 제어 소프트웨어를 파악하는 새로운 방식을 발명했다. 몇 달 뒤 이 발명은 학술논문으로 재탄생하게 되었다.

생각 없이 무작정 시작하라

그러던 어느 날 아침, 로봇이 아주 근사한 선율을 연주했다. 나는 이 음악에 대해 생각해보았다. 2주 뒤 콘서트에서 이 음악을 사용할 수 있겠어. 사실 다시 생각해보니 그저 듣기 좋은 정도가 아니었다. 그 음악은 몇 가지 흥미로운 의문을 떠올리게 했고, 나는 그 역시 실험으로 탐구해보고 싶은 욕구가 치솟았다. 어쩌다 보니 이 작은 완성곡은 곧바로 실험해보고 싶게 하는 완전히 새로운 종류의 아이디어를 펼쳐놓았다. 그래서 또다시 몇 날 며칠을 실험실에서 보내며 그 아이디어들을 실험했고 끈질기게 앞으로 나아갔다.

마법과도 같은 일이 벌어졌다. 꽉 막힌 상태로 몇 주를 보낸 뒤 그저 주어진 장비를 움직여봤을 뿐인데 순식간에 막힌 상태가 뚫렸을 뿐 아니라, 내가 열정을 다해 가고 싶었던 길도 아주 명료하게 열어주었다. 여기서부터는 가히 폭발적이었다. 둘째 주가 끝나갈 무렵 나는 이미 콘서트에서 쓸 제법 괜찮은 곡 몇 가지를 완성한 상태였고, 전에는 절대 떠오르지 않았던 진정 흥미로운 연구 아이디어도 몇 가지 얻었다. 내가 한 것이라고는 그저 포기하고 다 내려놓고 논 것이 전부였다.

내가 어디로 가고 있는지 알지 못한 채 움직이며 무책임하게 오로지 재미있는 일에만 집중하고 호기심이 동하는 일만 했을 뿐인데 전에는 생각조차 못 하던 심오한 아이디어들에 다가설 수 있었다. 실험실에 앉아 벽만 뚫어지라 쳐다보며 모든 것을 계산하고 알아내려 했을 때는 결코 근접할 수 없었던 것들이다.

이상적이게도 이 시기에 나온 주요 학술 연구 중 하나가 무엇을 할지 미리 알지 못한 채 계획 없이 행동을 시작하는 인공지능 시스템인 무의식적 컴퓨터 즉흥성Mindless Computer Improvisation을 모형화하는 것이었다. 계획이 없는 대신 행동 기회에 실시간 즉흥적인 방식으로 반응하는 시스템이다. 1년 뒤 이 연구로 나는 지금까지 경력을 쌓아오면서 받은 학술상 가운데 최고의 상을 받았다. 다나의 충고는 내가 상상했던 것 이상의 성과를 안겨주었고 나에게 다음과 같은 사실을 깨닫게 했다.

"미리 모든 것을 아는 것은 상상력을 제한할 수 있지만, 생각 없이 일을 시작하는 것은 기상천외한 방식으로 상상력을 일깨운다."

자신이 하는 일을 정확히 알아야 한다는 생각을 버린다는 것은, 요리할 때 채소를 자르는 일과 비교해서 생각해볼 수 있다. 만약 채소를 자르면서 세로로 자르기 시작하는 것과 가로로 자르기 시작하는 것의 결과가 어떻게 다를지 생각하고, 자르는 크기에 따라 맛에 어떤 영향을 미치는지 조사하고, 서로 다른 방식으로 자른 여러 채소들의 조화까지 모두 고려해야 한다면 계속해서 생각에 생각만 거듭할 뿐 결코 채소 자르기를 시작할 수 없을 것이다. 식사도 못 하고 빈속에 잠자리에 들 것이다.

때로는 그냥 무작정 채소를 자르기 시작해야 할 때가 있다. 자신의 직관이 올바른 길로 인도할 것이라고 믿고, 그 길을 따라가다 일이 제대로 되는 것 같지 않으면 바로잡으면 그만이다. 결과가 어떻게 나오든 그것을 적절하게 사용할 수 있으리라 믿으면 된다. 물론 요리 자체의 즐거움도 잊지 말아야 한다.

이 교훈은 실천에 옮기기 힘들 수도 있다. 나의 경우 성향과 정반대되는 교훈이어서 더욱 그렇다. 장난스러움은 성공의 반대편에 있는 것처럼 느껴진다. 나는 사실 지금도 내가 하는 일을 정확히 알아야 안정감을 느끼는 편이다. 또 성공해야 한다는 압박감과 빠듯한 일정으로 마음을 비운다는 게 어려울 수밖에 없다. 물론 대부분의 경우 계획은 아주 중요하며 전문성을 갖추는 것이 과업을 완수하는 데 결정적이라는 사실을 부인할 수 없다.

하지만 특히 창조적인 과업이나 혁신, 연구 등에 몰두할 때는 결과물을 얻으려면 무작정 시작해야 하는 경우가 분명히 있다. 식사를 하려면 일단 채소를 잘라야 하는 것처럼 말이다.

기 호프만
Guy Hoffman

이스라엘 헤르츨리야Herzliya IDC대학교 커뮤니케이션학과 조교수이며, IDC 미디어 혁신 연구소Media Innovation Lab의 공동 연구소장이다. 세계 최초로 인간-로봇 공동 연극 공연을 개발했으며 최초의 인간-로봇 실시간 즉흥 재즈 듀엣 공연을 선보였다. 2004년, 2006년, 2007년, 2008년, 2010년 HRI와 로봇공학 학회에서 수여한 최고 논문상을 포함하여 몇몇 최고 학술상을 수상했고, 2010년과 2012년에 이스라엘에서 가장 전도유망한 40세 미만 연구원 중 한 명으로 뽑혔다.

비현실적인 태도로 **현실**에서 **성공**하기

아만다 게프터

"현실감각을 좀 가져."

가족과 친구들은 우리를 생각해서 이렇게 조언하곤 한다. 사랑하는 이가 현실과 너무 동떨어진 높은 곳을 바라보다가 결국 절망으로 나뒹굴게 될까 봐 걱정스럽기 때문일 게다. 그들의 말은 얼핏 들으면 합리적이고 맞는 것 같다. 진심 어린 선의도 느껴진다. 하지만 잠깐 생각해보고 싶어진다. 현실감각을 갖는다는 것은 과연 무엇을 의미할까? 자기 자신이나 세상에 대해서 과하지 않은 온당한 기대치를 갖는다는 뜻일까? 앞으로 향하는 전진 대신에 현상 유지를 택한다는 뜻일까? 무모한 행동을 자제하고 관성에 몸을 맡긴다는 뜻일까? 아니면 커다란 희열을 갈망하지 않고 안분지족(安分知足)에 머문다는 뜻? 그리고 우리는 누구의 어떤 현실에 대해서 현실감각을 가져야 하는 것일까?

지금껏 인생을 살아오면서 내가 성공이란 것을 조금이라도 거두었다면, 그것은 무모하다고 불러도 좋을 만큼 비현실적인 태도를 가졌기 때문이다. 그런 태도를 배운 것은 다름 아닌 아버지 덕분이었다. 15살이던 어느 날 저녁, 나는 아버지와 평소 즐겨 찾는 식당에 가서 외식을 했다. 그날 아버지는 내게 무(無)가 무엇이라고 생각하느냐고 물으셨다. 아버지는 까마득히 멀고 먼 138억 년 전에 무에서 우주가 생겨났다는 사실이 얼마나 신비로운지 이야기하면서 "우리 같이 생각해보지 않으련?" 하셨다. 농담이 아니라 진심으로 말하고 있었다. 그 이후 나는 물리학 수업을 들어본 적도 없고 수학 과목은 낙제점을 받는 철부지 10대였음에도 아버지와 함께 우주의 기원이라는 수수께끼를 파고드는 일에 발을 들여놓게 되었다.

그로부터 수년 후, 나는 뉴욕에 살면서 어느 웨딩 잡지사의 사무보조 직원으로 일하고 있었다. 어느 날 뉴저지 주 프린스턴에서 열리는 콘퍼런스를 소개하는 〈뉴욕타임스〉 기사를 읽었다. 세계 유수의 물리학자들이 내가 너무나도 존경해 마지않는 저명한 물리학자인 존 휠러 John Wheeler를 기리기 위해 모이는 자리였다.

눈이 번쩍 뜨였다. 거기에 꼭 가보고 싶다는, 아니 가야겠다는 생각이 들었다. 현실적으로 볼 때 당연히 콘퍼런스 주최 측에서 웨딩 잡지사의 별 볼 일 없는 직원을 들여보내 줄 리 만무했다. 그래서 나는 비현실적인 작전을 택했다. 나는 주최 측에 전화를 걸어 거짓말을 했다. 〈맨해튼 매거진〉의 기자인데 콘퍼런스를 취재할 예정이라 기자 출입증 2장이 필요하다고. 사실은 존재하지도 않는 잡지사였다. 행여 거짓말이 들통 날까 가슴이 두근 반 세근 반했지만 다행히도 담당 직원이 "아, 당연히 발급해드리죠. 꼭 참석해주십시오!"라고 밝은 목소리로 환대해주는 게 아닌가. 다음 주에 나는 설레는 마음으로 아버지와 함께 프린스턴으로 향했다.

가짜 기자 행세를 하는 일이 그렇게 짜릿하고 신날 줄이야. 나는 명망 높은 학자들이 토론하는 것을 직접 보고 들었을 뿐만 아니라 언론에서나 접하던 유명한 사람들과 대화도 나눌 수 있었다. 물론 휠러와도 말이다! 콘퍼런스가 끝난 이후에도 나는 비현실적인 모험심을 접어버리지 못하고 〈사이언티픽 아메리칸Scientific American〉지의 편집장에게 전화를 걸었다. 그리고 최대한 '프로다운' 목소리로, 그 잡지에 정기적으로 기고하고 싶다는 뜻을 밝혔다. 이후 이메일을 한차례 주고받고 약간의 양자 중력이 작용한 후 편집장은 나를 채용했다. 가짜 저널리즘 경력이 진짜 저널리즘 경력으로 탈바꿈하는 순간이었다.

그로부터 몇 년 후 나는 〈뉴 사이언티스트New Scientist〉지로부터 편집자 자리를 제안받았다. 비현실적인 모험심과 기대가 내게 새롭고 더 멋진 현실을 가져다준 셈이다.

그 일을 하면서 이 시대의 가장 뛰어난 지성들을 일상적으로 만나게 되었다. 우주학자들과 대화를 나누고 노벨상 수상자들과 같은 테이블에서 점심을 먹었다. 만약 15살 때 내가 앞으로 이 시대 최고의 물리학자들과 교류하면서 스티븐 호킹Stephen Hawking 박사와도 이메일을 주고받을 거라고 말했다면 아무도 믿지 않았으리라. 당연히 그럴 만하다. 그런데 중요한 것은 '나'는 그렇게 될 거라고 믿었다는 사실이다. 세인들의 눈에 그것은 어린 소년의 착각 내지는 비현실적인 꿈으로 비쳤을 것이다. 하지만 그런 꿈을 꾸었던 게 얼마나 다행인지 모른다.

재미있는 사실이 하나 있다. 수많은 물리학자들을 만나본 이후에 내가 현실주의적인 관점을 완전히 버리게 되었다는 점이다. 사실 세상 모든 것은 관찰자의 관점에 따라 달라진다. 입자의 질량이든, 블랙홀 수평선의 존재든, 가짜 경력이 근사한 미래를 열어줄 확률이든 말이다. 의지와 생각만으로 마법처럼 무언가를 만들 수 있다는 얘기가 아니다. 다만 세상 그 무엇도 보이는 것만큼 절대적이고 확실하지는 않다는 뜻이다. 적어도 세상이란 게 있다면 말이다.

어쨌거나 내가 확실히 아는 것은 이것이다. 새롭거나 독창적이거나 혁명적인 그 무엇도 그것이 현실이 되기 전까지는 현실적으로 보이지 않는 법이다. 모든 사람이 현실적이 되어야 한다는 생각에만 묶여 있다면 그 누구도 창조적인 리스크를 감수하려 들지 않을 것이다. 혁신도 일어나지 않을 것이고, 예술도 과학도 존재하지 않으리라.

삶을 더 풍성하게 가꾸고 싶다면 현실적이 되어야 한다는 생각은 저 멀리 날려버리길. 아이러니하게도 당신의 무모한 꿈을 현실로 만들 방법은 비현실적인 태도를 가지는 것뿐이다.

아만다 게프터
Amanda Gefter

물리학과 우주론 분야의 전문 저술가이며 《아인슈타인의 잔디밭을 침범하다Trespassing on Einstein's Lawn》의 저자다. 〈뉴 사이언티스트〉의 도서, 예술 담당 편집자로 일했고 현재는 이 잡지사의 컨설턴트로 활동 중이다. 런던정치경제대학교에서 철학과 과학사를 공부했으며, 2012~2013년에 MIT에서 나이트 사이언스 저널리즘 펠로우Knight Science Journalism Fellow로 수학했다.

생각을 멈추면 **생각**도 **못한** **일**들이 벌어진다

다니엘 윌 해리스

안 봐도 뻔하다. 이미 당신은 생각하기를 멈추고 어떻게 인생을 더 낫게 만들 수 있는지 '생각'하고 있을 것이다. 그렇다. 당신은 지금 분명 '생각'이란 걸 하고 있다.

곤란한 문제에 부딪혔는데 해결 방법이 도통 '생각나지' 않을 때가 누구나 있다. 그건 생각이 도움이 되지 않기 때문이다.

물론 우리의 온갖 일상생활과 비즈니스에는 생각이 필요하다. 그런데 우리는 생각만 하면 모든 문제를 해결할 수 있다고 '생각'하는 경향이 있다. 절대 그렇지 않은데 말이다. 인간은 똑똑한 동물이고 수천 년 동안 무지하게 많은 생각을 해왔다. 그런데도 세상은 아직도 이 모양 이 꼴 아닌가! 때로 우리는 이런저런 커다란 시련을 겪고 나서야 과거에 옳다고 '생각'했던 것들을 포기한다.

그 유명한 '중년의 위기'가 닥친다는 50살이 되었을 때, 나는 일에서 더 이상 즐거움을 느끼지 못했다. 예전에 그렇게 열정적으로 에너지를 쏟았던 것들도 다 시시하게만 느껴졌다. 내가 좋아했던 것들이니까 하고 열심히 매달려봤지만 별 소용이 없었다. 즐거움이 사라졌고 그것들이 내가 원하는 인생을 사는 데 도움이 된다는 생각도 들지 않았다. 이 심리적 교착 상태에서 빠져나올 방법을 생각하고 생각하고 또 생각했다. 하지만 소용없었다.

그러던 중 융의 이론에 입각한 치료법에 관심을 두고 알아보다가 그 분야의 뛰어난 심리 전문가를 만나게 되었다. 그는 나에게 감정을 자연스럽게 밖으로 흘러나오게 하라고 조언했다. '생각'하려고 애쓰지 말고 그저 감정에 몸을 맡기라는 것이었다.

신기하게도, 정확히 말로 표현하기는 힘들지만 그냥 감정에 나 자신을 맡기기만 했는데도 정말로 많은 답을 얻을 수 있었다. '생각'하려고 애쓰는 걸 멈추자 불확실한 미래와 미지의 것도 훨씬 편안하게 받아들일 수 있었다.

미지의 것을 편안하게 받아들이는 일은 아주 중요하다. 우리 앞의 미래는 언제나 미지의 것이고 불확실할 수밖에 없기 때문이다. 사람들은 앞으로 어떤 일이 벌어질지 안다고 믿고 싶어 하지만, 사실 그것은 아무도 모른다. 우리가 추측한 일이 내일 일어날 수도 있고, 그 다음 날도 그럴지 모르지만 그렇지 않을 수도 있다. 어쩌면 내일이 아예 오지 않을 수도 있다.

당신이 갖고 있다고 생각하지만 사실 갖고 있지 않은 통제력을 내려놓는 순간 당신에게는 커다란 안정이 찾아온다. 당신에게 일어나는 일을 통제하려 애쓰지 않고 그냥 흘러가듯 몸을 맡기면서 그것에 맞서 싸우는 대신 그것과 '더불어' 변화하는 것이 현명하다.

나는 또한 즉흥적 대처법을 배우는 것이 중요하다는 사실도 깨달았다. 인생이 그렇듯이 다음에 어떤 상황이 펼쳐질지 알 수 없는 경우가 늘 생기므로 유연성과 융통성을 발휘할 줄 알아야 한다.

불확실함에 대한 두려움이 사라지자, 글을 쓸 때도 글이 어떤 방향으로 흘러가야 할지 의식하지 않고 자유롭게 쓸 수 있었다. 글을 통제해야 한다는 강박관념을 편안히 내려놓자 놀랍고도 멋진 결과물이 생겨났다. 그리고 내 글을 사랑해주는 독자들도.

내게는 글쓰기가 전보다 훨씬 쉬운 일이 되었다. 글을 통제할 필요가 없으니 당연한 결과였다. 억지로 무언가를 쥐어짜거나 창안해낼 필요가 없었다. 나는 그저 원래 존재하던 것을 '발견'해내는 사람일 뿐이었다.

생각하기를 멈추면 당신 앞에 경이로운 세계가 펼쳐지리라. 그리고 '생각하지도 못했던 일'들이 벌어질 것이다. 이쯤에서 당신은 이렇게 묻고 싶을 게 틀림없다.

"생각을 하지 말라니, 그럼 대체 어떻게 하라는 겁니까?"

내 답은 이것이다. 당신 내면의 직감에 귀를 기울여라. 우리가 흔히 엄마들만 갖고 있다고 생각하는 어떤 마법 같은 힘을 말하는 게 아니다. 초자연적인 능력도 아니다. 사실 직감이란 다분히 자연스러운 무엇이다.

날마다 수많은 종류의 감정과 이미지와 아이디어가 우리 머릿속에서 쉴 새 없이 점멸한다. 그런데 우리는 그것들을 어떻게 처리하는가? 그냥 놓쳐버리고 만다. 생각하느라 너무 바쁜 탓이다. 그것들이 형편없는 이유를 생각하고 비판하느라 바쁘기 때문이다. 아니면 무시해버린다. 귀를 기울이지조차 않는다. 의식적인 '생각'에서 나온 게 아니라는 이유로 말이다. 그래서 그것들이 내 머릿속에 있다고 느끼지 못한다. 이는 의식적인 자아가 굳건히 자리를 지키고 있기 때문이다. 창의력이 뛰어난 사람이라면 누구라도 의식적인 자아가 방해물이 된다고 말할 것이다.

'생각'만으로는 이 교착 상태에서 절대 빠져나올 수 없다. 우리에게 필요한 것은 직관이다. 당신 자신의 의식적 자아라는 방해물을 치워버려라. 말처럼 쉽지 않을지 모르지만 충분히 가능한 일이다.

당신이 뛰어나지 않다고, 당신의 아이디어가 형편없다고 속삭이는 '비판적인' 목소리를 귀담아듣지 마라. 그것은 직감이 아니다. 그것은 우리를 아무런 행동도 하지 않도록 안전지대에 머물게 하기 위한 의식적 사고일 뿐이다. 무언가를 행하는 데는 언제나 리스크가 따르기 때문이다.

내면 깊은 곳의 직감과 감정에 귀를 기울여보라. 때로는 당신의 직감과 마주하는 일이 불편하고 두렵기도 할 것이며 그 직감을 따르는 것이 비현실적인 일처럼 느껴질지도 모른다. 하지만 당신은 그것을 따라야 한다는 사실을 알지만 그동안 '생각'이 가로막아왔을 뿐이다.

어떤 아이디어가 떠오르면 펜을 들고 종이에 적어라. 근사하지 않아도 괜찮고 터무니없게 느껴지는 것이라도 상관없다. 일단 무조건 적어놓아라. 아무리 터무니없고 엉뚱한 아이디어라도 거기에는 훗날 멋진 아름드리나무로 자라날 씨앗이 숨어 있을 수도 있다. 우리 모두의 내면에서 속삭이는 조그만 목소리에 귀를 기울여야 한다. "여기는 아직 아니야. 다음번 신호에서 움직여야 해.", "지금 친구한테 전화를 걸어볼까?" 하는 목소리에, "만약 ○○○을 해본다면 어떨까?" 하는 목소리에 말이다.

새로운 아이디어가 반드시 처음부터 근사해 보이지는 않는다. 하지만 그것은 결국 당신이 가볼 '생각'조차 하지 못했던 멋지고 놀라운 곳으로 당신을 데려다줄지도 모른다.

다니엘 윌 해리스
Daniel Will-Harris

다니엘 윌 해리스를 표현하는 단어는 한둘이 아니다. 그는 작가이며 발명가이고 디자이너이자 배우, 프로듀서, 싱어송라이터다. 뉴욕 현대미술관MoMA은 그를 "컴퓨터 그래픽의 선구자"로 칭하며 대단히 독창적인 작품 세계를 갖고 있다고 평가한다. 그는 "잠재의식을 통한 스토리텔링Subliminal Storytelling"이라는 새로운 글쓰기 기법을 개발했으며 이 기법을 이용해 일련의 일인칭 작품을 쓰고 있다. www.subliminos.com에서 그의 작품을 읽어볼 수 있다.

www.will-harris.com

영감은 기다린다고 오지 않는다

스테판 부커

어떤 작업을 시작할 때부터 기발한 영감이 떠올라야 한다는 생각을 버려라. 영감은 수많은 형태로, 또 다양한 통로로 다가온다. 짠하고 떠오르는 경우도 거의 없고, 그렇다 할지라도 지나쳐버리기 일쑤다. 어떤 프로젝트를 시작하기 위해서는 영감이 필요한 게 아니라 의지와 절제가 필요하다. 일단 시작하고 봐야 한다. 그러고 나서 작업 도중에 당신에게 찾아올 영감을 놓치지 않게 촉수를 세워놓아라.

나의 데일리 몬스터Daily Monster 시리즈는 놀라운 발상으로 시작해야 한다는 통념을 넘어선 기법에서 탄생했다. 뛰어난 아이디어가 없다는 이유로 그림 그리기를 시작하기가 한동안 두려웠던 나는 그냥 시작 단계를 없애기로 했다. 데일리 몬스터의 각 캐릭터는 임의의 잉크 얼룩에서 시작한다. 내가 그림을 그리기 시작하는 게 아니다. 잉크 얼룩이 출발점이다. 나는 그저 그림을 완성할 뿐이다. 이렇게 하면, 시작에 대한 두려움은 사라지고 대신 종이 위에서 새로운 캐릭터를 완성하고자 하는 의무감과 발견의 과정이 들어선다. 이제 영감이 슬며시 문을 열고 고개를 내밀기 시작한다.

'이게 다리인가? 그렇다면 눈은 이쯤에 그려 넣어야겠네?'

캐릭터의 더 많은 부분이 구체적으로 드러나기 시작한다.

'이 괴물은 뜀박질을 하고 있는 건가? 춤추는 건가? 아니면 다른 괴물에게 말을 걸고 있는 모습?'

질문에 스스로 답하면서 영감이 떠오르고, 이런 과정을 통해 캐릭터가 완성된다. 나는 어떤 프로젝트를 진행할 때든 내 아이디어가 훌륭한지 끊임없이 걱정하는 대신에 일단 착수하고 본다. 책 디자인이나 로고에 들어가는 애니메이션은 때로 작업하는 과정에서 처음 구상과 완전히 달라지기도 한다. 백지 위에서는 결코 상상할 수 없었던 모습으로 탈바꿈하는 것이다.

예술과 디자인에서 영감은 필수적이다. 그렇지만 영감이 불타올라야만 작품을 시작할 수 있다는 생각은 버려라. 영감은 작품을 완성하는 데 필요한 재료가 될 수도 있다.

스테판 부커
Stefan Bucher

인기 있는 아이패드 앱인 몬스터 메이커Monster Maker를 낳은 웹사이트 344lovesyou.com과 dailymonster.com의 운영자다. 《344개의 질문344 Questions: The Creative Person's Do-It-Yourself Guide to Insight, Survival, and Artistic Fulfillment》을 포함해 여러 권의 책을 출간한 저자이기도 하다. 데이비드 호크니David Hockney, 저드 애퍼토Judd Apatow, 〈뉴욕타임스〉 등의 의뢰로 디자인 작업을 했으며, 최근 라스베이거스의 블루맨 시어터Blue Man Theater를 디자인했다.

2

·

나만
보고 있으면
남이 보이지
않는다

존 판던

남을 **탓**하는 것만큼 쉬운 건 없다

며칠 전 나는 기차를 놓치는 바람에 공연에 늦고 말았다. 막 집을 나서려는 순간 친구 롭에게서 전화가 온 것이 문제의 발단이었다. 왜 전화를 쉽게 끊을 수 없는 친구가 있지 않은가? 롭이 바로 그런 친구다. 누구나 이런 친구 한두 명씩은 있으리라 생각한다.

그렇다. 내가 좀 억지를 부리는 것일 수도 있다. 하지만 롭이 하필 그때 전화한 게 문제였다. 계속 통화만 하지 않았더라면 나는 늦지 않았을 것이다. 이런 생각으로 나는 늦은 데 대해 롭에게 화를 내고 있었다. 약속에 늦은 것을 친구들에게 사과하며 모두 롭 때문이라고 말했고 실제로도 그렇게 믿었다.

물론 그것은 전혀 롭의 잘못이 아니었다. 여유를 두고 출발하지 않은 나의 잘못이었다. 롭이 내가 외출하는 것을 알고 일부러 그 시간에 맞춰 전화해 내가 약속에 늦도록 했을까? 나는 정말 이렇게 생각했던 것 같다. 일이 잘못되면 누군가를, 또는 무엇인가를 탓하는 것은 언제나 너무 쉽다.

아주 묘하게도 남 탓을 하면 우리가 통제력을 되찾는다는 착각을 하게 된다. 원인을 찾아내 누군가를 비난함으로써 문제가 정리됐다고 자인하거나 적어도 절대자의 지적은 피했다고 생각한다. 물론 비난을 피하려고 책임을 전가하는 경우도 종종 있다.

"기사 마감일을 못 맞춰서 정말 죄송해요. 컴퓨터가 고장이 나는 바람에……."

"클로딘이 어찌나 휴가 얘기를 하며 자랑하던지, 주위 사람들을 모두 우울하게 한다니까."

심지어 이렇게 말하는 사람도 있다.

"내 인생이 엉망인 건 다 부모님 때문이야."

존 스타인벡John Steinbeck의 1952년 소설 《에덴의 동쪽East of Eden》에서 리는 다음과 같이 칼을 책망한다.

> "쉬운 길로 갈 생각은 마. 네 조상을 빌미로 발뺌하기는 너무 쉽잖아. 네가 무슨 짓을 하든 그건 네가 한 일이야. 네 엄마가 한 게 아니라고."

남 탓을 통해 되찾는 것처럼 보이는 통제력은 환상이고 찰나이다. 누군가를 비난하며 소리치거나 손가락질하느라 비유적으로, 심지어는 육체적으로 에너지를 낭비하기 때문에 사실은 통제력을 빼앗기는 셈이다. 이렇게 감정에 압도당했을 때는 그 누구도 통제력을 지닐 수 없다. 그러는 사이 진짜 문제는 방치된다. 생각해보라. 나쁜 소식을 전한다는 이유로 전령을 쏜다면 누구에게 무슨 이익이 생기겠는가.

비난은 버릇이다. 그것도 파괴적인 버릇이다.

최근 나는 한 변호사를 알게 되었다. 편의상 딕이라고 부르자. 몇 가지 면에서 변호사가 하는 일이라곤 죄다 비난의 손가락을 쳐드는 것뿐이라고 말할 수 있을지도 모른다. 하지만 딕은 비난을 그저 일에서 그치지 않고 모종의 삶의 방식으로 승화시킨 인물이다. 무엇이든 잘못되면 딕은 비난의 대상부터 찾는다. 그는 화를 내며 온갖 비난으로 가득한 메일을 보내고 정의를 실현한다며 법률 용어를 남발한다.

딕은 이런저런 사람이 어떻게 자기를 방해했는지 생각하면서 분에 못 이겨, 자기를 건드리면 어떻게 되는지 본때를 보여주겠다는 식으로 성급하게 행동하기 시작한다. 결국 일이 틀어지면서 또 다른 재앙으로 이어지는데, 딕은 그것 역시 다른 누군가의 탓으로 돌리는 나름의 방법을 찾기 위해 필사적으로 매달린다.

아마 딕은 스스로 자신의 삶을 방해하는 악한에 맞서는 강하고 영리한 남자라고 생각할지 모른다. 그러나 실상 그는 자신을 궁지로 몰아넣고 있는 셈이다. 지속적으로 가상의 적과 싸우며 자신을 가해자인 동시에 피해자로 만들고 있다. 통제력을 행사하는 것으로 보이기는커녕 바보로 비치고, 스트레스가 심해져 건강까지 해칠 것이다.

이런 종류의 사람들은 세상 곳곳에서, 어느 시대에서든 찾을 수 있다. 히틀러는 독일의 모든 문제를 유대인 탓으로 돌렸다. 일부 이슬람 근본주의자들은 그들의 모든 문제를 미국 탓으로 돌린다. 밖에서 보면 이런 비난의 초점이 얼마나 어긋나 있는지 분명히 보인다. 그러나 비난에 열중하는 사람들은 지나친 집착으로 다른 것은 전혀 보지 못한다.

문제는 비난은 전염성이 강해 한 사람이 시작하면 쉽게 퍼져나간다는 것이다. 서로 비난하며 맞서든지 다른 누군가를 탓하기 위해 협력하는 양상이 펼쳐진다. 그래서 생기는 것이 바로 희생양이다. 미국의 대통령 드와이트 D. 아이젠하워Dwight D. Eisenhower는 이렇게 말했다.

> "사냥 원정에서 가장 쉬운 일은 희생양을 찾는 일이다."

결국 개인적인 차원에서든 국가나 세계적인 차원에서든 세상의 분쟁 대부분은 비난으로 조장된 것이고 모두 오도된 것이다.

다른 사람이나 다른 무언가를 향한 비난만이 문제가 아니다. 나는 종종 나 자신을 탓한다. 하지만 자신을 비난하는 것 역시 똑같이 에너지를 낭비하는 오도된 행태다. 이는 자신에 대한 기만인 동시에 착각이다. 다른 사람이 비난의 목소리를 높이기 전에 먼저 자신을 탓하면 어떻게든 못마땅한 상황을 우회할 수 있다고 착각하는 것이다.

"내 탓이오. 모든 것이 내 탓이로소이다. 보시오. 내가 먼저 인정했잖소!"

하지만 이 또한 얼마나 헛되고 소모적인가? 예전에는 나도 자주 비난거리를 찾았다. 하지만 이런 버릇이 나에게 얼마나 해가 되는지 깨달았다. 지금은 비난하는 경우가 많이 줄었고, 비난에 연연하지 않는 내 삶은 훨씬 더 균형적이며 생산적이다. 조지 버나드 쇼George Bernard Shaw가 이 모든 것을 아주 간결하게 요약했다.

> "사람들은 자신의 처지에 대해 언제나 환경을 탓한다. 나는 환경을 믿지 않는다. 세상에서 성공하는 사람들은 자리에서 일어나 자신이 원하는 환경을 찾아 나서는 사람들이다. 그리고 그것을 찾지 못하면 스스로 만드는 사람들이다."

나는 이렇게까지 냉엄하게 말하고 싶지는 않다. 우울증 진단을 받은 사람에게 그저 기운을 내라고 말하는, 청교도적인 엄격한 사고방식을 가진 바보들이나 하는 말처럼 들리기 때문이다. 하지만 쇼가 전하고자 하는 요지는 천 번 만 번 옳다. 탓할 거리를 찾는 데 에너지를 소진하지 말고 문제를 해결하고 앞을 향해 전진하는 데 그것을 쓰라는 요지 말이다. 비난에 집요하게 매달리기보다는 가만히 놓아주는 것, 긴장의 주먹을 풀고 손을 자유롭게 해 유용한 무언가를 붙들 수 있게 하는 것이 중요하다.

존 판던
John Farndon

논픽션 작가이자 극작가, 작곡가, 시인, 번역가다. 케임브리지에 있는 앵글리아러스킨대학에서 왕립 문학 특별 연구원Royal Literary Fellow으로 활동 중이다. 저서《이것은 질문입니까?Do You Think You're Clever?》는 세계적인 베스트셀러로 꼽힌다. 청소년 과학도서상Junior Science Book Prize 최종 후보로 네 차례나 뽑혔으며, 저자협회 교육상Society of Authors Education Award 후보에도 올랐다.

남에게 **던진** **증오**는 나에게 다시 **돌아온다**

폴 잭

내가 지금 하고 있는 일을 처음 시작했을 때 내 지도교수는 툭하면 소리를 지르는 사람이었다. 내 잘못이 아닌 일에도 나에게 노상 소리를 지르는 그가 정말 싫었고, 어떻게 하면 내가 당한 부당함과 경멸에 복수할 수 있을까 생각하며 몇 시간씩 보내곤 했다. 내 인생을 스쳐 간 다른 사람들에게도 가끔 이와 비슷한 증오가 일어나곤 했다. 이런 반응은 집착에 가까웠고 분명 나에게 해로웠다.

10년 전에 수행한 일련의 신경과학 실험으로 나는 뇌 화학물질 옥시토신이 사랑과 공감의 감정을 유발한다는 것을 발견했다. 이 발견으로 '러브 박사'라는 별명을 얻었다. 나는 집필과 미디어 출연, 대중 강연을 통해 옥시토신의 오랜 진화의 역사는 인간이 사랑하고 사랑받도록 설계된 존재임을 말해준다고 사람들을 일깨우면서 러브 박사로서의 내 모습을 받아들였다. 하지만 한편으로는 내가 진정 보편적으로 사람들을 사랑할 수 있을까 하는 의심을 반복했다.

대부분 종교에서는 전통적으로 사랑을 삶에 꼭 필요한 무엇이자 한결같은 행복의 근원이라고 본다. 그러나 모든 사람을 사랑하기는 정말 어렵다. 우리는 미워하는 사람까지도 사랑할 수 있을까?

나는 나를 대상으로 끊임없이 실험했다. 지난 10년간 나는 미워하는 마음을 없애려고 '마음 챙김mindfulness' 기술을 사용해왔다.

우리가 왜 증오를 버려야 하는지 보여주는 믿을 만한 과학적인 이유가 두 가지 있다. 증오는 에너지를 소모하고, 옥시토신을 합성하는 뇌 기능을 억제한다. 미워하는 데 소비된 에너지로 뇌와 육체가 압도당할 수 있다. 이 말은 우리가 주목해야 하는 목표와 사람에 집중하지 못하고, 의사결정 능력이 약화되며, 행동이 변덕스러워진다는 뜻이다.

이런 기능 장애는 아드레날린이라고 불리는 신경 화학물질 때문이다. 심장이 세게 뛰고, 입이 마르며, 혈당이 치솟아 에너지가 넘치게 하는 것이 바로 아드레날린이다. 증오는 이런 신경계의 단계적 반응을 촉발하며 이런 반응이 만성화하면 심장마비나 뇌졸중, 당뇨병 등으로 조기 사망에 이를 수도 있다. 아드레날린은 기억 형성까지도 억제하므로 우리가 증오에 차 있을 때 어떤 행동을 했는지 기억이 가물거려 다른 사람에게 물어봐야 할 수도 있다.

또한 아드레날린은 사랑의 화학물질인 옥시토신의 분비를 멈추게 할 수 있다. 옥시토신이 없으면 주변 사람을 관심과 애정으로 대하지 않게 되고 그러면 그들은 자연히 우리에게서 멀어진다. 사회적 상호작용을 할 때 뇌에서 옥시토신이 가장 많이 분비되는 사람이 훨씬 행복한 삶을 영위한다. 그 이유는 이런 '옥시토신의 명수'들이 가족, 친구, 연인 등과 더 나은 관계를 유지하기 때문이다. 심지어 그들이 처음 보는 낯선 이에게도 공감을 보인다는 것을 우리는 실험에서 관찰했다. 그들은 모든 사람을 애정으로 대하는 것처럼 보였고 그래서 더 행복해 보였다. 이는 여러 종교에서 충만한 삶을 가능케 하는 가장 핵심적인 힘이 사랑이라고 하는 말에 신빙성을 부여한다.

증오는 사랑의 적이다. 이 적은 다름 아닌 우리 자신을 공격 목표로 삼아 무너트린다. 남을 미워할 때 손상을 입는 것은 바로 우리 자신이다. 언젠가 달라이 라마는 나에게 이렇게 말했다.

> "사랑하기 힘든 사람들은 우리에게 동정을 연습할 기회를 주므로 그들을 소중히 여겨야 합니다."

얼마나 훌륭한 생각인가! 최근에 한 학회에서 예전 지도교수를 만났을 때 나는 그에게서 증오보다는 동정심과 애잔함을 느꼈다. 사랑이라고까지 할 수는 없었지만, 사랑에 가까운 감정으로 변화시키고자 노력 중이다. 우리가 사랑하기 힘든 사람들은 그 누구보다도 우리의 사랑을 필요로 하는 이들이다. 그들에게 사랑을 보여주는 것만으로도 우리는 더 행복하고 건강해질 수 있다.

폴 잭
Paul Zak

과학자이자 다작을 내놓은 저자이고 기업가이며 강연가다. 2012년에 저서 《도덕적 분자The Moral Molecule: The Source of Love and Prosperity》를 출간했다. 클레어몬트대학원 신경경제학 연구센터 소장이자 경제학, 심리학, 경영학 교수다. '신경경제학'이라는 용어를 출판물에 처음 사용한 학자로 인정받고 있으며 이 새로운 학문 분야의 선구자다. 현재 높은 성과를 내는 조직을 구축하기 위한 신경과학과 내러티브 신경생물학 연구에 집중하고 있다.

피곤하다고 느껴지면 박차고 **일어나라!**

터커 비에마이스터

우리가 피곤하다고 느낄 때 그것은 대개 단지 피곤하다는 '생각'에서 비롯된 것이다. '아, 피곤해!'라는 생각을 버릴 수 있다면 얼마나 좋을까? 생활에 생기가 넘칠 뿐 아니라 더 행복해지고 더 많은 일을 해낼 수 있을 것이다. 피곤해서 낮잠을 자는 게 낫겠다 싶어 미루기만 했던 일들, 예컨대 이런 에세이를 쓰는 일도 해치울 수 있을 것이다. 피곤함에서 해방되고 싶은 것은 모든 현대인의 소망 아닐까? 스타벅스와 녹차 덕분에 그나마 해결책이 있는 편이지만 말이다.

가끔 나는 당장에라도 일어나 일에 뛰어들 수 있을 만큼 활기 있는 상태로 한밤중에 깨어난다. 하지만 이내 그냥 다시 잠을 자고 알람 소리에 잠이 깰 때면 정말 끔찍한 기분이 든다.

피곤한 기분은 일종의 정신 상태다. 예를 들어 수면 전문가들의 말에 따르면 많은 불면증 환자가 실제로는 잠을 충분히 자고 있다고 한다. 적어도 환자 자신이 생각하는 것보다는 훨씬 많이 자는 것이다. 단지 스스로 항상 깨어 있다고 생각하는 것뿐이다. 나는 밤새 뒤척이고 일어난 아침에 이 사실을 떠올리면 조금 위안이 된다.

대개 피곤한 기분은 육체적인 피로가 아니라 심리적인 피로 때문이다. 한바탕 조깅을 하고 나면 사실 훨씬 상쾌해지지 않던가? 지친 기분은 우울증의 가벼운 증상이며 해야 할 일을 미루게 하는 주범이기도 하다. 진행 중인 프로젝트에 문제가 생기거나 주말 계획을 여자 친구가 좋아하지 않을 것 같아서 피곤해지는 것이다. 또 피곤하다는 생각은 프로젝트 문제를 해결하거나 부모님께 전화 드리는 것을 미뤄놓고 TV 앞에서 죽치고 있는 좋은 핑계가 된다.

피곤하다는 생각에서 벗어나는 비결은 우선 침대에서 박차고 일어나는 것이다. 그래야 첫발을 뗄 수 있다. 앞으로 가야 할 길이 끝없이 멀어도 일단 걷기 시작하면 계속 나아가기 마련이다. 지난 주말에 나는 집안 군데군데를 손보려고 사두었던 페인트를 드디어 창고에서 꺼냈다. 그리고 결국 벽면 두 곳을 전부 칠했다!

내가 해주고 싶은 충고는 이것이다. 피곤하다는 기분은 사실 육체적인 상태라기보다는 정신 상태에 더 가까우므로, 피곤하다는 생각일랑 접고 그동안 미뤄온 일들을 시작하라! 모든 사람들의 삶에서 피곤하다는 기분이 없어진다고 상상해보라. 우리가 해낼 수 있는 멋진 일들을 한번 생각해보라. 피곤하다는 기분이 없어지면 더 생산적이 될 것이고 단언컨대 부부관계도 더 행복해질 것이다.

터커 비에마이스터
Tucker Viemeister

뉴욕에서 비에마이스터 산업viemeisterindustries.com을 운영하는 산업디자이너다. 비에마이스터는 그가 창업을 도운 회사 스마트 디자인Smart Design이 디자인한 옥소 굿그립OXO Good Grip 주방용품으로 유명하다. 세계 유수 기업들의 물건과 공간, 경험을 디자인했는데, 그의 고객으로는 애플, 코카콜라, 리바이스, 도요타, 나이키 등이 있다. 그의 작품은 뉴욕 현대미술관에 전시되어 있으며, 대통령 디자인상Presidential Design Award을 수상했다. 뉴욕 파슨스 디자인 스쿨Parsons The New School for Design에서 강의를 맡고 있고, 뉴욕건축가연맹Architectural League of New York 부회장이다.

나를 **내려놓으면** 다른 사람이 보인다

에릭 뉴하우스

나는 요 몇 년간 내가 바라는 인격의 소유자가 되는 데 걸림돌이 되는 한 가지를 없애려고 노력하고 있다. 그것은 바로 나의 '자아'다. 너나 할 것 없이 갈수록 자기중심적이 되어가는 요즘 세상에서 자아를 내려놓는다는 것, 나 자신에게만 향하던 마음의 창을 주변을 향해 연다는 것은 말처럼 쉬운 일만은 아니다.

나는 성서를 읽다가 자기중심적인 생각이 나를 해치는 독이 될 수 있다는 사실을 새삼 깨달았다. 〈창세기〉를 보면 아담과 이브의 이야기가 나온다. 에덴동산이라는 낙원에서 살고 있던 아담과 이브에게는 한 가지 금기사항이 있었다. 동산 가운데에 있는, 선악을 알게 하는 나무의 열매를 절대 먹어서는 안 된다는 것. 하지만 사탄의 대리자인 뱀이 나타나 그 열매를 먹으면 하나님처럼 선악을 아는 지혜를 얻게 된다고 이브를 꾄다. 이브는 이 말에 넘어가 열매를 따 먹고 만다.

뱀은 이브의 자아를 치켜세워 금기를 어겨도 된다는 자신감을 주었다. 마음 가는 대로 행동해도 된다고, 열매를 먹으면 하나님처럼 지혜로워질 수 있다고 하면서 말이다. 그리고 이후로 인류는 그 결과에 대한 죗값을 치러야 했다.

성서 속의 하나님은 이 세상을 주관하고 통제하는 분이다. 나만을 신경 쓰는 분이 아니라는 얘기다. 〈마태복음〉을 보면 이런 구절이 나온다.

> "예수께서 이르시되 네 마음을 다하고 목숨을 다하고 뜻을 다하여 주 너의 하나님을 사랑하라 하셨으니, 이것이 크고 첫째 되는 계명이요, 둘째도 그와 같으니, 네 이웃을 너 자신같이 사랑하라 하셨으니, 이 두 계명이 온 율법과 선지자의 강령이니라."

예수는 이 두 계명을 항상 몸소 실천하며 보여주었다. 예수는 하나님의 뜻을 따라 행동했으며, 십자가에 못 박히기 전날 밤에 제자들의 발을 씻겨주었다.

내가 이제껏 살면서 가슴 깊이 깨달은 것이 하나 있다. 나 자신을 내려놓으려고 애쓰며 살면 어느새 값진 무언가가 내게 되돌아온다는 것이다. 내가 사랑과 존중을 담아 남들을 대하면 그들도 나를 똑같이 대해준다. 내가 먼저 따뜻한 도움의 손길을 내밀면 상대방도 나에게 기꺼이 도움을 베풀기 마련이다.

말은 이렇게 해도 물론 나는 무슨 성인(聖人)이 아니다. 자아를 내려놓는 사람이 되려고 지금도 무던히 노력 중이다. 하루아침에 짠하고 되는 일이 결코 아니란 얘기다. 내 아내가 늘 지적하지만 나는 지금도 마트 계산대의 길게 늘어선 줄에 서서 기다리는 것조차 잘 못 참는 성격이다. 그래도 늘 노력한다. 만일 내가 다른 사람들을 배려하려고 노력하지 않았다면, 알코올 중독에 관한 시리즈로 퓰리처상을 받지도 못했을 것이 분명하다.

알코올 중독에 대해 한창 취재하던 무렵의 일이었다. 나는 알코올 중독자 치료 단체인 AA^Alcoholics Anonymous^의 모임에 참석하는 기회를 얻게 되었다. 모임 진행자가 참석자들 앞에서 내 이름을 소개했고, 알코올 중독을 취재하는 기자라고 밝혔다. 내가 그 자리에 앉아 있는 것을 반대하는 이는 아무도 없었고, 수첩을 꺼내 사람들이 주고받는 이야기들을 기록하는 나를 제재하는 사람도 없었다. 기자라면 모름지기 보고 들은 내용을 정확히 기록해야 한다는 생각에 열심히 펜을 움직였다.

그런데 모임이 끝난 후 방을 나가려고 할 때, 몇몇 여성 회원이 출입구에서 나를 불러 세우더니 그 수첩을 들고 어디를 갈 생각이냐고 물었다. 나는 당연히 기사를 작성하러 사무실로 돌아간다고 대답했다. 그랬더니 그들이 말하길 AA 모임에서 나눈 모든 대화는 바깥으로 유출되지 않도록 하는 게 전통적인 규칙이라는 것이었다. 하지만 내가 수첩을 방안에 놔두고 가준다면, 언제고 따로 밖에서 만나 회원들이나 그

가족들에게 피해가 가지 않게끔 유의하면서 알코올 중독과 관련된 이런저런 이야기를 기꺼이 들려주겠다고 했다.

기자 정신을 곧이곧대로 따른다면 그 모임에서 듣고 기록한 내용을 이용할 수도 있었지만 나는 AA의 전통을 따르기로 했다. 내 행동으로 인해 알코올 중독자와 그 가족들이 피해를 입게 되는 것은 나 역시 원하지 않았기 때문이다.

AA 회원들을 취재한 기사가 나가고 몇 주 후, 내가 인터뷰를 요청한 또 다른 여성 회원이 내가 모임에 참가했던 날을 언급하면서 그 자리에서 오고 간 대화를 유출하지 말아야 한다는 규칙을 따랐느냐고 물었다. 내가 그랬다고 대답했더니 여성은 이렇게 말했다.

"잘하셨어요. 만약에 당신이 약속을 지키지 않고 우리 뒤통수를 쳤다면 이 모임의 누구도 당신의 인터뷰에 응하지 않았을 겁니다."

내가 사는 지역에 있는 알코올 중독자들의 적극적인 협조가 없었더라면 나는 제대로 된 취재를 할 수 없었을 것이다. 그리고 퓰리처상도 결국 내가 아니라 그해의 유력한 후보자였던 포틀랜드 〈오리거니언Oregonian〉의 기자나 〈뉴욕타임스〉의 기자, 둘 중 한 명에게 돌아갔으리라.

그때의 경험으로 내가 얻은 교훈은 참으로 값진 것이었다. 그리고 언제나 그 교훈을 잊지 않으려 애쓰며 살고 있다.

에릭 뉴하우스
Eric Newhouse

퓰리처상을 받은 저널리스트인 뉴하우스는 1988~2010년 〈그레이트폴스트리뷴Great Falls Tribune〉에 재직하면서 뉴스 편집자, 주필, 특별기사 편집자를 지냈다. 2000년 알코올 중독이 그레이트폴스를 비롯한 몬태나 주민들에게 미친 영향을 취재한 12부 시리즈의 보도물로 퓰리처상 해설 저널리즘explanatory journalism 부문을 수상했다. 현재 〈사이콜로지 투데이Psychology Today〉 웹사이트에서 퇴역 군인들의 정신 건강 문제를 다루는 '보이지 않는 상처Invisible Wounds'라는 이름의 블로그를 운영하고 있다(www.psychologytoday.com/blog/invisible-wounds).

www.ericnewhouse.com

마크 고울스톤

내가 당신을 **도울 수 있게** 해주게

나는 1960년대 미국에서 어린 시절을 보냈다. 이는 곧 존 F. 케네디와 로버트 F. 케네디, 마틴 루서 킹, 심지어 맬컴 엑스까지 암살당하는 사건을 보면서 자랐다는 의미다. 나는 아주 냉소적으로 변했고 신랄하게 비꼬는 유머감각이 생겼다. 무언가를 믿거나 관심을 두는 것은 바보 같은 짓이고 그렇게 하지 않는 게 훨씬 안전하다고 느꼈다. 아이러니라 아니할 수 없다. 훗날 내가 공동 창립한 글로벌 공동체의 이름이 하트펠트 리더십Heartfelt Leadership이고 우리의 슬로건이 "관심을 갖자"이기 때문이다.

지금껏 살아오면서 아주 창피스러운 것이 하나 있다면 고등학교 졸업 앨범에 내가 써넣은 문구다. 졸업 앨범에는 어떤 인용문이든 쓸 수 있었다. 당시 나와 가장 친했던 친구는 자기 사진 옆에 이렇게 썼다.

"상황이 힘들어져도 강인한 사람은 굴하지 않는 법이다."

나는 다음과 같이 인용했다.

"완전히 몰상식한 인간이 되면 어쩌지."

사실상 나는 세상 어떤 일도 말이 되지 않기 때문에 나 역시 말이 되는 인간이든 아니든 별로 중요할 게 없다고 말하고 있었다.

이것도 아주 아이러니한 일이다. 오늘날 내가 가장 열정을 쏟고 있는 일이 세상의 모든 말이 안 되는 짓거리, 즉 몰상식에 상식을 부여하는 것이고 또 가능한 한 상식을 세상에 퍼뜨리는 일이기 때문이다. 이것이 현재 내가 글을 쓰고 블로그를 운영하고 강연을 하는 원동력이다.

그렇다면 세상에 무관심하고 냉소적이었던 나는 언제 어떤 일을 계기로 지금의 나로 바뀌었을까? 지금부터 내 인생에 변화를 안겨주고 내 삶을 구원한 사건을 소개하겠다.

내가 한계에 부딪혔을 때

나는 의과대학원을 두 차례나 휴학했다 복학하는 과정을 겪고 졸업했다. 나처럼 이렇게 두 번이나 휴학하고도 졸업한 사람을 주변에서 본 적이 없다. 세상을 두루 알고 싶어서 휴학한 게 아니었다. 나는 한계에 부딪혔고 마음이 작동을 멈추었다. 처음 휴학했을 때는 육체노동을 하면서 내 마음도 어느 정도 제자리를 찾아가는 듯했다. 하지만 학교로 돌아오자 또다시 같은 일이 반복됐다.

학점을 따서 2학년 과정을 통과하고 3학년을 막 시작했을 때였다. 나는 두 번째로 벽에 부딪혔다. 투 스트라이크. 그렇지만 마치 세 번째

스트라이크처럼 느껴졌고, 정신이 나간 내 상태로 인해 환자가 해를 입게 될지도 모른다는 생각에 두렵고 무서웠다. 사실 나는 지금도 환자에게 해를 입히는 악몽을 가끔 꾸곤 한다.

나는 건강상의 문제로 다시 한 번 휴학을 신청했다. 일반인들은 잘 모르는 사실일 수도 있는데, 의과대학원에서는 학생이 휴학해서 자리가 비어도 충원을 하지 않는다. 그리고 그 공석은 학교 측에서 그에 해당하는 정부 지원금을 받지 못한다는 의미가 된다. 나는 이미 학교 당국에 큰 손해를 입혔고 똑같은 일을 또다시 하려는 참이었다.

그 시점에 대학원장이 나를 불렀다. 그는 점잖은 신사였지만 그가 맡은 여러 역할 중 하나는 학과 재정을 건실하게 유지하는 것이었다. 면담을 했지만 무슨 이야기를 나누었는지 거의 기억나지 않는다.

그 일이 있은 직후 학과장인 윌리엄 맥너리William McNary 교수가 나에게 전화를 했다. 학생들은 그를 친근하게 맥이라 불렀다. 아일랜드계 가톨릭교도로 보스턴 사투리를 심하게 쓰는 그가 말했다.

"대학원장에게 편지를 한 통 받았는데 아무래도 자네가 이리 와서 나와 이야기를 나눠봐야 할 것 같네."

나는 맥의 사무실에서 그와 마주 앉았고 그는 나에게 대학원장에게서 온 편지를 읽어보라고 했다. 정확히 뭐라고 쓰여 있었는지는 기억나지 않지만 요점은 이랬다.

"나는 고울스톤 군을 면담했고 그의 현재 상황과 대안이 될 만한 진로에 대해 상의했습니다. 첼로를 배우는 것으로 진로를 변경할 수도 있으리라 보았고, 고울스톤 군도 거기에 동의했습니다(세상에 첼로라니!). 따라서 나는 진급 심사위원회에 고울스톤 군에게 자퇴할 것을 요청하도록 권고하는 바입니다."

편지를 읽고 나서 나는 원래의 아주 혼란스러웠던 상태보다 훨씬 더 혼란스러워졌다.

"이게 대체 무슨 뜻이죠?"

나는 맥에게 물었다.

맥은 특유의 사투리로 말했다.

"자네가 학교에서 쫓겨난다는 뜻이고 자네가 거기에 동의했다는 말이네."

"저는 무엇에든 동의한 기억이 없는데요. 첼로도 금시초문이고요."

나는 어안이 벙벙해졌다.

"나도 그렇게 알고 있다네. 자네가 무언가에 동의할 만큼 명료한 상태가 아니라는 거 잘 알아."

맥은 다정하고 유머러스하면서도 이해심 많은 목소리로 말했다. 나는 맥을 쳐다볼 수가 없었다. 그보다 마치 복부에 총을 맞은 것처럼 공기가 내 몸 밖으로 모두 빠져나가는 듯한 느낌을 받았다(그로부터 35년 뒤 수술을 하지 않고는 살 수 없는 대장 천공으로 고통받은 적이 있어서 나는 이 느낌이 어떤 건지 잘 안다). 30초 정도 지나 나는 그저 울기 시작했다. 그때 내가 냉소적으로 반응하지 않았던 것이, 그저 '아, 슬프도다'라는 식으로 자기 연민에 빠지지 않았던 것이 필경 내 인생 최고의 행운이 아니었나 싶다. 내가 만약 그렇게 반응했더라면 나는 그 누구도 돕고 싶지 않은 인물로 비쳤을 것이다. 대신 나는 순도 100%의 연약함을 온몸을 다해 표출했다.

나는 다소 엄격한 환경에서 자랐다. 연약한 모습을 보여서는 안 된다는 환경이었고 특히 이렇게 완전히 원초적인 형태의 연약함은 더더욱 드러내서는 안 되는 무엇이었다. 그래서 맥이 다음에 한 말은 정말로 뜻밖이었다.

"자네는 일을 망친 게 아닐세. 자네는 기적적으로 진급 시험에 통과했잖은가(그래서 위원회가 나를 성적 불량으로 퇴학시킬 수는 없었던 것이다). 문제는 자네가 지금 정신이 아주 혼란스러운 상태에 있다는 걸세. 그렇지만 자네가 이 상태를 바로잡기만 하면 언젠가는 학교도 자네에게 다시 한 번 기회를 주길 잘했다고 생각하게 될 걸세."

맥의 친절함이 손에 닿을 듯 뚜렷하고 강렬해 나는 그를 쳐다볼 수가 없었다. 그때의 그 다정함이 지금도 느껴질 정도다. 내가 할 수 있는 일이라고는 고개를 숙인 채 정맥 주사를 맞은 듯 온몸에 퍼지는 안정감을 느끼며 더 크게 우는 것이었다. 아마 생의 마지막에 참을 수 없는 고통으로 괴로워하는 사람이 모르핀을 맞으며 느끼는 것과 유사한 안정감이리라.

"사실 자네가 의과대학원을 마치지 못해 의사가 되지 못한다 해도, 아니 어떤 다른 일조차 못 하게 된다 해도 나는 자네 같은 학생을 만났다는 것만으로도 자랑스러울 걸세. 자네는 선량하고 친절하거든.

그런 성품이 얼마나 중요한지, 또 이 세상이 그것을 얼마나 필요로 하는지 자네는 아마 모를 걸세(내가 아무것도 할 수 없을 때 누군가 내 안에서 어떤 자질을 발견하고 그것만으로 나를 조금이라도 가치 있는 존재로 생각할 수 있다는 것을 나로서는 쉽게 헤아릴 수가 없었다). 아마 35살이 될 때까지는 알 수 없을 걸세. 하지만 그 전에 먼저 35살이 되어야겠지(이때쯤 눈물이 폭포처럼 쏟아졌다. 그때를 회상하며 이 글을 쓰고 있는 내가 지금 흘리고 있는 것처럼). 그리고 마지막으로 말이야, 고개를 좀 들어보겠나?"

눈에 눈물이 가득 차 맥의 모습이 흐릿하게 보였다.

"마지막으로 자네는 이 지구 상에 존재할 자격이 있는 사람이라네. 내 말 알겠나?"

다시 눈물이 쏟아지기 시작했다. 그러고 나서 맥은 내 인생을 영원히 바꾸어놓는 행동을 했다. 그때는 지금만큼 선명하고 명확하게 인식하지 못했지만 그가 한 행동은 훗날 내가 하트펠트 리더십을 창립하도록 이끄는 중심 사상이 되었다. 맥은 분명히 말했다.

"내가 자네를 도울 수 있게 해줘야 하네!"

내 생각에 맥은 자신이 그렇게 단호하게 나오지 않고 그냥 "내 도움이 필요하면 전화하게나" 정도로 마무리하면 내가 전화하기는커녕 아파트에 틀어박혀 절대 나오지 않으리라는 것을 감지했던 것 같다.

누군가에게 힘이 되어준다는 것

그는 정말로 나를 도와주었다. 박사 학위 보유자였던 맥은 진급 심사위원회에 나에 대한 재심사를 청구했다. 위원회는 영향력 있는 의학박사들인 학과장들과 보스턴 지역 병원장들로 구성되어 있었고, 나에게 자퇴할 것을 요구하라는 의과대학원장의 권고를 별생각 없이 승인하려 하고 있었다.

나는 재심사 자리에 나갔다. 내가 안에 들어가기 전에 맥은 위원들에게 나에 관해서 설명했다. 나는 진급 심사위원들이 둥글게 둘러앉은 한가운데에 앉았다. 먼저 의학박사 몇 명이 다정하게 질문했다. 나의 연약함이 맥의 마음을 움직인 것처럼 그들에게도 영향을 미치는 것 같았다. 하지만 이어서 심사위원장이 질문하기 시작했다. 그는 보스턴에 있는 가장 큰 공립병원의 외과장으로 명석한 인물이라는 것이 보편적인 견해였지만, 거들먹거리는 태도로 언제나 학생들이 꼽는 비호감 교수 몇 명 안에 들곤 했다.

그는 날카로운 질문을 잇달아 던지며 나를 공격하기 시작했다. 기본적으로 나에게 의사가 될 자질이 없다는 점을 강조했다. 의사가 되려면 강인하고 냉정하고 단호해야 하는데 나에게는 그런 면이 전혀 없다는 것이었다. 자신의 의견을 진술한 뒤 그는 나에게 비난하듯 말했다.

"그러니까 어디 일단 말해보게. 우리가 왜 자네에게 기회를 다시 한 번 주어야 하지?"

주위가 조용해졌다. 골리앗을 대면한 다윗의 이미지가 그 자리에 있던 몇몇의 머릿속을 스치고 지나갔을 터였다. 무방비 상태로 울고 있는 다윗이 거기 있었다. 그때 내가 어떻게 그렇게 할 수 있었는지 잘 모르겠지만, 나는 아주 침착하게 생각을 집중해 위원장을 바라보며 이렇게 말했다.

"위원장님, 저는 나름대로 힘든 한 해를 보내고 있습니다. 복학한 뒤 갑상선 기능 항진증이 생겼고, 이어서 약물치료에 따른 부작용으로 갑상선 기능 부전증과 무기력증까지 심해져 티록신을 맞아야 했습니다. 또한 갑상선 기능 항진증 약물은 간 기능에 이상을 유발하고 가슴까지 부풀게 했습니다. 아버지께서도 결장암에 걸리셨고 아내는 결혼 2~3년 만에 이혼을 결정했습니다. 제가 의사가 되기를 원하는지, 아니 될 수 있을지조차 모르겠지만 제가 의사가 되길 원치 않는지 그것 또한 모르겠습니다. 다들 제가 정신이 너무나 혼란스러운 상태에 있다고들 하더군요. 이런 것들이 중요하기나 한 건지도 모르겠습니다."

주위는 더욱 조용해졌지만 내 변론으로 상황이 바뀔 정도의 분위기는 아니었다. 시가를 씹어대던 위원장이 조롱 섞인 말투로 물었다.

"그래서 어쩌겠다는 건가?"

나는 그를 똑바로 쳐다봤다. 이제 눈물은 사라지고 전에는 내게 있는지조차 몰랐던 무언가가 그 자리를 대신하기 시작했다.

"그래서 저는 '정신 이상'을 주장하는 바입니다. 박사님들의 관대한 처분을 바랍니다."

내가 계속해서 그를 바라보자 그는 시가를 재떨이에 비벼 끄고 팔짱을 낀 채 의자를 획 돌려 나를 외면했고 나나 그곳에 있는 누구와도 이야기하려 하지 않았다. 몇 분간의 침묵이 흐른 뒤 맥이 말했다.

"이제 나가봐도 될 것 같네. 우리가 자네 문제에 관해 상의해야 할 순서일세."

나는 그곳을 나와 계단이 있는 곳으로 가서 차가운 금속 난간을 움켜쥐고 앉았다. 내 모든 허세와 에너지가 고갈된 터라 기진맥진한 상태였다. 15분 뒤 맥이 밖으로 나왔다. 그는 내 옆에 앉아 내 어깨에 팔을 두르고 말했다.

"마크, 1년간 쉬렴. 아니 5년을 쉬어도 좋아. 언제 돌아오든 보스턴의과대학원은 자네를 기꺼이 환영할 걸세."

다윗 대 골리앗, 2:0. 지금 생각해보면 다윗에게 생겼던 그 무엇이 하늘의 도움으로 내게도 생겼던 게 아닌가 싶다. 맥이 정말 천사라고 믿게 되었기에 하는 말이다.

그때 이후로 나 역시 맥이 보여준 사랑과 친절을 타인에게 베풀기 위해 노력해왔다. 사랑과 친절이 필요한 사람들이 있을 때마다 그들에게 힘이 되어주려고 실로 최선을 다하며 살고 있다. 나도 맥처럼 선량한 사람들이 낙오되는 것을 보고 있을 수만은 없기 때문이다.

나는 35살이 되어서도 실제로 세상에 얼마나 많은 선량함과 친절함이 필요한지 깨닫지 못했다. 나는 그저 한 명의 환자를 돌보면서, 한 명의 고객과 만나고 한 번의 대화를 나누면서 조금씩 실천하려고 노력했다. 그리고 다시 30년이 더 지나서야 관심과 배려가 없다면 세상은 존속할 가능성도 미래도 없다는 사실을 깨달을 수 있었다.

마크 고울스톤
Mark Goulston

'귀 기울이기'라는 주제에서 세계 최고의 권위자다. 6권의 책을 낸 저자로, 《뱀의 뇌에게 말을 걸지 마라Just Listen: Discover the Secret to Getting Through to Absolutely Anyone》는 미국 경영협회American Management Association 출판부 아마콤Amacom에서 펴낸 책 중에서 4년 동안 판매 부수 1위를 차지했으며, 16개 언어로 번역되었다. 세계를 돌며 소통에 대해 강연하고 있고, CEO들을 대상으로 경영 코치 겸 상담가로 활동하고 있다. 하트펠트 리더십의 공동 창립자이기도 한데, 하트펠트 리더십은 투자 수익률이 아니라 진실성 수익률이 높은 리더들을 파악하고 기리고 발전시키는 데 헌신하는 글로벌 커뮤니티다.

도와야 할 때와 **놓아둘 때**를 아는 법

테오도르 그레이

특정 분야에 전문가인 사람은 친구나 가족, 동료, 심지어 전혀 모르는 사람에게서도 그 분야와 관련된 퍽 간단해 보이는 질문이나 부탁을 받는 경우가 종종 있다. 의사는 파티에 참석한 자리에서 누군가에게 의학적인 조언을 요청받기도 하고, 컴퓨터 박사인 사람은 저녁 식사 초대를 받고 친구 집을 방문했다가 물론 순전히 우연의 일치겠지만 그 집 컴퓨터에 문제가 있음을 알게 되어 손을 봐줘야 하는 상황이 생긴다. 이럴 때 도움을 요청하는 상대를 뿌리치기는 당연히 어렵다. 하지만 때로는 돕는 것이 바람직하지 않을 수도 있다.

특히 직장에서 그렇다. 어떤 문제가 발생했을 때 아직 경험이 부족한 직원에게 문제를 스스로 해결하면서 배울 기회를 주기보다는, 정확한 해결 방법을 알고 있는 관리자나 고참 직원이 그냥 해결해버리고 싶은 유혹을 뿌리치지 못할 때 말이다. 나는 이런 상황을 수시로 접한다.

예를 들어 우리 회사에는 내가 몇 년에 걸쳐 개발한 영상 처리 시스템을 사용하는 직원이 몇 명 있다. 이 시스템은 내가 수십 년이 넘게 개발을 도운 소프트웨어 매스매티카Mathematica를 토대로 만들어졌다. 다시 말해 이 시스템에 대해 나만큼 잘 아는 사람은 없다는 뜻이다. 그래서 어떤 문제가 발생하면 흔히 다음과 같은 상황이 된다. 내가 5분 안에 뚝딱 해결해버리거나 다른 누군가가 하루 종일 매달리거나.

물론 내가 5분을 할애해 문제를 바로 해결하는 것이 옳을 때도 가끔 있다. 하지만 너무 자주 그렇게 하면 직원들 스스로 문제를 해결하는 능력이 결코 향상되지 않는다. 그들이 시간을 낭비하며 해결의 실마리를 더듬어 찾고 결국 스스로 해결할 기회를 주지 않으면, 나만큼 또는 나보다 더 빨리 문제를 해결할 수 있는 수준으로 발전하는 일은 결코 일어날 수가 없다.

우리는 누구나 친절하고 타인에게 도움이 되는 사람이 되길 원하지만, 때로는 친절이 다른 사람에게 해가 될 수 있다. 너무 성급하게 개입하거나 그들에게 실패해보고 거기서 뭔가를 배울 기회를 허락하지 않으면 우리의 친구, 자녀, 제자, 동료의 발전과 성장을 저해할 수 있다. 훌륭한 선생님은 나서서 학생을 도와줘야 할 때와 자신의 힘으로 헤쳐나가게 놔둬야 할 때를 아는 법이다.

"나한테는 식은 죽 먹기인 일이잖아. 내가 그냥 고치지 뭐" 하는 생각이 들 때 나는 가급적 그런 마음을 접고 "직원들이 저걸 스스로 해결하면 무엇을 배울 수 있을까?"를 생각하려고 한다.

나는 이 교훈을 아들에게 적용해 큰 성과를 거두었다. 이 이야기를 하려면 먼저 내가 매킨토시 컴퓨터광임을 밝혀야겠다. 1986년 처음으로 매킨토시를 사용한 이래 지금까지 다른 컴퓨터를 한 번도 쓴 적이 없다. 나는 마이크로소프트 윈도를 극도로 싫어하기 때문에 무슨 일이 있어도 절대 사용하지 않을 것이다, 단연코!

그런데 아들이 10대로 접어들면서 매킨토시는 시시하다며 윈도 컴퓨터를 쓰고 싶다고 했다. 나에게는 생각만으로도 끔찍한 일이었지만 아들이 반항의 방식으로 흡연이나 음주를 택하지 않은 게 다행이다 싶었다. 물론 모든 10대가 언젠가는 흡연이나 음주를 하지만 말이다. 매킨토시 대신 윈도를 쓰겠다며 반항하는 아들을 둔 것쯤은 그리 나쁘지 않았다. 그래도 아들이 윈도를 사용하다가 문제가 생기면 내가 도와줘야 한다는 생각에 아주 짜증이 났다. 운영체제라고 하기엔 너무도 형편없는 것을 가지고 고민하는 게 정말로 너무나 싫었다. 그래서 아들에게 말했다.

"좋아. 윈도 컴퓨터를 사렴. 하지만 나는 컴퓨터와 관련해서 어떤 것도 도와주지 않을 거야. 바이러스에 걸려도 그건 네 문제야. 그 우스꽝스러운 게 고장 나서 부팅이 안 돼도 나한테 물어보지 마. 나는 윈도에 대해 아는 게 하나도 없으니까. 문제를 해결할 수 있게 도울 수가 없다고."

어떻게 되었을까? 아들은 윈도 컴퓨터를 혼자서 조립하겠다며 부품을 사기 위해 삼촌의 도움을 받았다. 그 애 삼촌은 내가 윈도를 싫어하는 것만큼이나 매킨토시를 싫어한다. 아들은 누구의 도움도 없이 컴퓨터를 조립했다. 아무것도 없는 상태에서 윈도를 설치했고, 며칠을 매달려 컴퓨터가 제대로 돌아가게 했다. 삼촌은 중국에 살고 있어서 부품을 구하는 과정 이외에는 전혀 도와줄 수 없었다. 아들은 정말로 이 일을 완전히 혼자서 해냈다.

이제는 아들이 나에게 정말 큰 도움이 된다. 예를 들자면 최근에 나는 블루레이 디스크 몇 장을 컴퓨터에서 판독 가능한 포맷으로 전환해야 했다. 매킨토시에는 내가 필요로 하는 작업을 할 수 있는 소프트웨어가 없었다. 그래서 아들에게 말했다.

"내가 원하는 작업을 하는 방식을 찾아주면 디스크 1장당 10달러를 줄게."

나는 필요한 소프트웨어를 어디에서 구해야 할지, 그것을 윈도에 어떻게 설치해야 할지, 작업 과정이 어떻게 진행되는지에 대해 아무것도 몰랐다. 하지만 아들은 이 모든 것을 알고 있었다. 그 이유는 아들이 혼자 끙끙대며 난관을 뚫고 나가려고 애쓰고 또 좌절도 경험하도록, 그래서 결국에는 시스템에 빠삭해지도록 내가 내버려두었기 때문이다. 아들은 내가 나서서 도왔을 경우보다 훨씬 더 많은 것을 알게 되었다.

테오도르 그레이
Theodore Gray

터치프레스Touchpress의 공동 창립자 겸 최고창의성책임자CCO다. 매스매티카와 울프럼 알파Wolfram Alpha를 만든 울프럼 리서치Wolfram Research의 공동창립자인 그레이는 세 번이나 스티브 잡스와 함께 무대에 섰다. 23개 국어로 번역되어 150만 부가 팔린 5권의 베스트셀러 작가이기도 하다.

3

현상은
복잡하지만
본질은
단순하다

절대로 **안다고** 말하지 마라

매그너스 린드비스트

옛날에 아주 특별한 학교가 있었다. 블랙 마운틴 칼리지Black Mountain College라는 이름의 예술대학으로 과학, 예술, 정치 분야에서 거성이 될 인재들을 교육했다. 지금은 자녀들의 성공적인 삶을 위해 학교에서 무엇을 해야 하고 하지 말아야 하는지 공공연히 논의하는 시대다. 그런 논의가 거의 없던 과거에 블랙 마운틴은 무엇이 다르기에 특별한 학교였는지 알아보는 것도 흥미로울 것이다.

하지만 답부터 말하자면, 크게 다른 점은 없었다. 블랙 마운틴에서는 커리큘럼 계획에서부터 객원 강사 초빙에 이르기까지 사소한 일들을 약간 다르게 혹은 조금 나은 방식으로 했을 뿐이다. 진짜 흥미로운 점은 이 모든 것을 뒷받침하는 철학이었다. 학교 출입구 위쪽으로 단순하면서도 강렬한 경구가 적혀 있었다.

"절대로 안다고 말하지 마라!Never Say Know!"

우리는 지식에 목마른 세상에 살고 있다. 흔히들 기업부터 리더에 이르는 모든 것이 지식으로 번성한다고 한다. 어떤 이는 이를 두고 '지식 경제'라 칭하기까지 했다. 지식을 나쁘게 보는 사람은 거의 없다. 사실 우리는 주변에서 보는 실패나 결함을 무지나 어리석음 탓으로 돌리는 경향이 더 강하다. 하지만 만약 이런 태도가 틀린 것이라면 어쩌겠는가? 지식이 우리가 잘못 숭배하고 있는 우상이라면? 축적된 지식은 자산이 아니라 부채라면?

빛을 발한다고 다 금쪽같은 지식은 아니라는 논거를 정립하기 위해, 지금 손에 돌을 하나 쥐고 있다고 상상해보기로 하겠다. "폭풍 속에서도 우리는 바위처럼 서 있었다", "돌에 새긴" 등의 표현에서 볼 수 있듯이 바위나 돌은 확고함과 변함없음의 강력한 상징물이다. 하지만 유감스럽게도 돌의 단단함은 환상에 불과하다. 돌의 내부에서 수십억 개의 원자가 마구잡이로 움직이고 있기에 하는 말이다. 우리가 육안으로 확인할 수는 없어도 사물이 기체에서 액체를 거쳐 고정된 상태로 움직이는 것과 관련된 원자와 분자의 개념은 파악할 수 있다.

지식은, 아니 알고 있다는 개념은 돌과 같다. 어떤 것이 확고해서 이의를 제기할 수도, 제기해서도 안 된다고 보는 환상인 것이다. 그리하여 우리는 중력이 우리를 아래로 끌어당긴다고 알고 있고, 세계에서 가장 큰 강이 무엇인지 알고 있으며, 원주율 3.14 뒤에 이어지는 숫자를 알고 있다.

이것이 대부분 사람들이 지식을 정의하는 방식이다. 한번 모으면 절대 잃어버리지 않는 퍼즐 조각처럼 본다는 얘기다. 그렇지만 현실에서는 우리가 알고 있는 대부분의 것들이 잘못된 것으로 밝혀진다. 어떤 것은 과학적 진보로 틀렸음이 입증되고(명왕성이여, 태양계 아홉 번째 행성 위치에서 이제는 안녕!) 어떤 것은 개인적인 경험으로 틀렸음이 입증된다(1990년대 말 신경제 시대에 많은 사상가가 "경기 후퇴는 결코 다시 볼 수 없을 것"이라고 주장했다).

지식은 돌멩이처럼 움직이는 부분들로 이루어져 있다. 만약 이 사실을 잊는다면 우리는 변화하는 세상에서 기체와 같은 환상에 매달리는 위험에 빠지게 된다. 지식에 대해 기존에 가지고 있는 생각을 버려야 한다. "나는 안다"와 같은 어리석은 말을 멈춰야 한다.

그렇다면 무엇으로 그 자리를 대신해야 하는가? 우리는 무지를 두려워해서는 안 된다. 스티브 잡스Steve Jobs에게 어떻게 애플 컴퓨터를 만들었는지 묻자 그는 실제로 이렇게 답했다고 한다.

"내가 그렇게 할 수 없다는 것을 몰랐기 때문이죠."

이런 자세를 불교적 사고로 "초심자의 마음을 갖는 것"이라고 한다. 이런 자세는 하찮은 것을 좇아 차지하려는 것과는 대조되는 방식으로 미래를 개척하고자 하는 사람들에게 대단히 유용하다. 알베르트 아인슈타인Albert Einstein은 "상상력이 지식보다 훨씬 중요하다"는 유명한 말을 남겼다. 그는 이 말을 통해 선인의 식견을 무조건 집어삼키기보다는 무엇은 가능하고 무엇은 아닌지 볼 수 있는 초심자를 찬양한 것이다.

지식은 결국 오래된 정보일 뿐이다. 만약 우리가 사람들이나 지역을 고정관념을 가지고 바라본다면 지식이 아주 비열한 농간을 부리고 있는 셈이다. 이는 세상과 그 속에 속한 사람들을 우리 자신의 시각으로 보는 것이 아니라 다른 사람들의 시각에 의지해서, 때론 아주 오래 전에 형성된 시각으로 보는 행태다. 그래서 아직도 세상을 동과 서로 나누는 사람들이 있고, 우리가 손에 들고 다니는 슈퍼컴퓨터를 여전히 '전화'라고 부르는 것이다. 지식을 고수하는 것은 편리하다. 마음을 바꾸려면 자신이 틀렸다는 고통스러운 사실을 인정해야 하기 때문이다.

잘못 알고 있는 것 자체로는 아무런 문제가 되지 않는다. 자신이 옳다는 추정 하에 정당까지 결성해 다른 많은 사람들과 함께 잘못된 사고를 공유하는 것이 큰 문제다. 자신이 얼마나 잘못 알고 있었는지 깨닫기 위해서는 기존의 친교 관계에서 벗어나 상황을 다른 시각으로 보려는 사교적 노력이 필요하다. 물고기가 자신이 헤엄치는 물을 인식하지 못하듯, 독서 습관이나 사회적 반경을 바꾸지 않고 틀에 박힌 일상을 계속하는 사람들은 자신의 그릇됨을 발견하지 못한다.

모른다고 말하는 것은 우리가 학교에서 배운 것에 반한다. 학교에서는 우리가 무엇이든 알고 있어야 한다고 가르치며 얼마나 많은 정답을 맞혔는지에 따라 성적을 매긴다. 오늘날 학교에서 우수한 성적을 받는 학생들은 흥미로운 사고를 소유해서라기보다는 기억력이 좋은 덕분이라 해도 무방하다. 누군가는 이런 논쟁이 대두되면 "창의성을 더욱 길러야 한다"는 물리도록 진부한 표현을 써서 단순화하려 든다. 하지만 그것은 조악한 해결책에 불과하다. 오늘날에는 창의성이라는 것 자체도 일단의 지배적인 요령으로 축소되는 경우가 흔하기 때문이다.

내가 제안하는 바는 일종의 소극적 수용력을 장려하자는 것이다. 사람들이 사실이나 이유에 서둘러 도달하려는 충동에 휘둘리지 않아도 되는, 정신적 유동 상태를 향유하며 판단을 유예하는 풍토를 조성하자는 얘기다. 이를 실현하는 학교는 어떤 모습일지 한번 상상해보라.

단순히 블랙 마운틴의 슬로건을 모방하는 데 그쳐서도 안 된다. 모방은 오래된 지식의 재활용일 뿐이다. 우리는 한 걸음 더 나아가 수호성인을 모셔오자. 나는 폴란드의 시인 고(故) 비스와바 심보르스카Wizslawa Szymborska가 우리의 수호성인이 되어야 한다고 생각한다. 그녀는 노벨상 수락 연설에서 영감을 되새기며 이렇게 심오하게 말했다.

> "어떤 영감이든 한 마디 단순한 말에서 나온다. 바로 '나는 모른다I don't know'이다."

이런 정신이야말로 우리가 미래의 교육 시스템을 구축할 때 기꺼이 껴안아야 하는 무엇이다. 학생들이 이 단순한 한 마디를 말할 수 있게 용기를 부여하라. '모른다' 정신을 칭찬하라. 교만을 벌하라. 게으름을 벌하라. 미래를 형성하는 수단으로 과거를 들먹이는 행태를 벌하라(현재의 경제적 난국을 이야기하면서 1930년대 독일이나

1990년대 태국의 상황을 언급하는 데 집착하는 경제학자들과 사회평론가들을 생각해보라).

내가 제안한 것이 과연 효과를 거둘까? 그것이 진정 삶과 자유, 행복의 추구에서 그 어느 때보다도 더 높은 경지로 우리를 이끌어줄까? 내 대답은 간단하다.

"I don't know."

매그너스
린드비스트
Magnus Lindkvist

스위스 취리히에서 활동하는 스웨덴 출신의 트렌드 평론가이자 미래학자다. 청중들에게 진지한 사고를 불러일으키는 세계적인 연사로 손꼽히며, 자신의 저서 3권에 기초한 설득력 있는 내용을 역동적인 프레젠테이션 방식과 결합하여 설파한다. 그 3권의 저서는《우리가 아는 모든 것은 틀렸다Everything We Know Is Wrong》,《예기치 못한 상황의 공격The Attack of the Unexpected》,《미래가 시작될 때When the Future Begins》를 말한다.

세상, 그 너머를 보는 힘

제이 엘리엇

나는 편견으로 가득한 가정에서 자랐다. 우리 집은 수십 년에 걸쳐 아주 큰 낙농장을 경영하고 있었다. 그래서인지 정치적인 관점에서 우리 가족은 매우 보수적인 지주에 속했다. 나의 고조부는 미국 육군사관학교 졸업생이었는데, 생도 시절 훗날 미국 18대 대통령이 되는 U. S. 그랜트Grant와 룸메이트를 할 정도로 친했다.

고조부 프레더릭 스틸Frederick Steele 장군은 인디언 전쟁과 남북 전쟁 당시 그랜트 지휘 하에서 싸웠다. 프레더릭은 당연히 그랜트 대통령과 같은 보수적인 정치 성향을 견지했다. 우리 할머니까지도 보수적인 정치 단체인 미국애국여성회Daughters of the American Revolution의 일원이었다.

제2차 세계대전은 우리 가족에게 지대한 영향을 끼쳤고, 결과적으로 일본 민족에 대한 강한 반감이 생기지 않을 수 없었다. 나보다 17살이 많은 형이 참전해서 부상을 입었기 때문에 더욱 그랬다. 형이 탄

전함이 태평양에서 일본군 가미카제 비행기의 공격을 받고 침몰했다. 형은 며칠 동안 행방불명되었다가 구조됐다. 이 사건은 우리 가족에게 큰 영향을 미쳤다.

나를 변화시킨 몇 가지 사건들

낙농장에서 일하는 게 내가 하고 싶은 일이 아님은 분명했다. 어머니는 내 인생에 아주 특별한 영향력을 행사했는데, 특히 일본인에 대한 편견을 극명하게 드러냈다. 그런데 내가 1학년일 때 내 관점에 큰 변화를 안겨주는 몇 가지 사건이 일어났다.

첫 번째 사건은 학부모 간담회에서 선생님이 어머니에게 내가 대학에 진학할 잠재력을 지녔다고 말한 것이다. 그 순간부터 어머니는 내가 농장에서 일하지 않고 대학에 가게 되기를 간절히 바랐다. 이 때문에 우리 가족은 나중에 곤란한 상황에 처하기도 했다. 내가 농장 경영을 물려받는 것이 당연시되고 있었기 때문이다.

두 번째 사건은 우리 집에서 3km 정도 떨어진 곳에 사는 루이스라는 아이와 친해진 일이다. 그 아이는 일본인이어서 우리는 10대가 될 때까지 친구 관계를 비밀로 해야 했다. 루이스의 가족은 제2차 세계대전 때 포로수용소에서 생활했다.

내가 15살이 되자 아버지는 내가 농장 경영에 참여할 때가 되었다고 판단했다. 나는 그해 어떤 작물을 심을 것인지 결정하는 책임을 맡았다. 당시 가장 흥미로운 책 중 하나인《농부 연감Farmers Almanac》에서 그해에 특히 해안지대에서 캘리포니아 딸기가 풍작일 것이라고 언급했다. 나는 이 기사에 주목했고 5에이커가량의 땅에 딸기를 심기로 했다. 일본인 농부만큼 딸기 작물을 잘 심고 기를 수 있는 사람이 또 어디 있겠는가? 그래서 나는 농장에 들어와 딸기를 돌볼 일본인 가족을 찾았다. 그들은 농장 안에 있는 가옥에 살면서 농장의 일부가 되어야 했다. 우리 가족에게는 쉽지 않은 선택이었지만 내 뜻대로 하게 해 주었다. 어머니는 실제로 일본인 가족을 환영했고 그들이 농장에서 자리 잡는 데 많은 도움을 주었다.

《농부 연감》의 예상은 들어맞았고 5에이커의 딸기는 우리가 지었던 어떤 농사보다도 더 많은 돈을 벌어주었다. 이 경험으로 나는 큰 보람을 느꼈다. 그중에서도 가장 큰 보상이라고 할 수 있는 것은 어머니가 편견에서 벗어나 농장 운영의 한 방편으로 일본인 가족을 고용하자는 내 의견을 지지해주었다는 사실이다. 어머니는 한 민족에 편견을 가지고 있었지만, 지역적이고 개인적인 차원에서는 그 편견을 깨는 변화를 받아들였다. 얼마나 위대한 교훈인가!

이후 나는 대학에 진학했고 농사지으러 다시 농장으로 돌아간 적이 없으므로 대학 졸업 이후로 농사는 결코 내 인생의 한 부분이 되지 못했다.

대학 신입생 시절 존 F. 케네디가 쓴 《용기 있는 사람들Profiles in Courage》이라는 책을 읽었다. 이 책으로 케네디는 퓰리처상을 받았다. 서문에서 그는 정치적인 용기에 영향을 미치는 선거권 문제를 탐구했다. 유권자의 선택을 받아야 하는 정치인은 대개 세 가지 유형의 압박을 느낀다고 했다.

첫째, 호감을 사야 한다는 부담이다. 둘째, 재선에 성공해야 한다는 압박감이다. 셋째, 이익 단체의 압력이다. 이에 따르는 모든 편견으로 인해 기존 체제에 새로운 변화가 일어나기 힘들다는 요지였다. 케네디는 미국 상원 구성에 관한 정보와 미국 정치사에 한 획을 그은 존 퀸시 애덤스John Quincy Adams의 역할, 즉 애덤스가 선거구의 압력이나 편견에 굴하지 않고 어떻게 국회의원에 출마할 수 있었는지 등을 포함함으로써 글에 역사적인 깊이를 더했다.

책의 다른 부분에서는 대니얼 웹스터Daniel Webster, 샘 휴스턴Sam Houston, 에드먼드 G. 로스Edmund G. Ross, 로버트 A. 태프트Robert A. Taft 등 용기를 떨친 여타의 인물들을 분석했다. 이런 식으로 케네디는 책의 말미까지 다수의 용기 있는 사람들과 미국의 역사를 변화시킨 결정에 관해 탐구했다. 《용기 있는 사람들》의 주제는 등장인물들에 대한 정치적인 편견과 압박을 포함한다. 그들 모두는 변화할 용기가 있었고 새로운 사람들과 아이디어에 마음을 열었다. 나는 대선에서 존 F. 케네디에게 투표했다. 그렇게 나는 우리 가족 중에서 민주당에 표를 던진 최초가 되었다.

세상을 바꾸는 선택

대학을 졸업한 후 나는 IBM에 프로그래머로 취직했고 농부가 되는 데 대해서는 결코 다시 고려하지 않았다. 프로그램 개발에서 중요한 것은 오래된 문제를 해결하려면 새로운 방법에 개방적이어야 한다는 점이다. 나는 뛰어난 프로그래머였고 쾌속 승진을 했다. 하지만 나는 세계의 전산실을 모두 제어함으로써 컴퓨터 산업을 지배하려는 IBM의 계획에 동의하지 않았다. 이 전략은 1950년대부터 1980년대에 이르기까지 IBM에 큰 성공을 안겨주었지만 이미 변화는 일어나고 있었다. 나는 충실한 직원으로 9년 동안 일하던 IBM을 그만두기로 결심했고, 이에 대해 숙고하던 중 재미있는 일이 일어났다.

한 레스토랑 라운지에 앉아 저녁 약속을 한 사람을 기다리고 있을 때였다. 꾀죄죄해 보이는 히피 스타일의 한 남자가 내 옆에 앉았다. 그는 내가 신문에서 IBM 관련 기사를 읽고 있는 것을 보고 컴퓨터와 관련된 대화로 나를 이끌었다. 그는 내가 컴퓨터에 대해 무엇을 알고 있는지 무슨 일을 하는지 궁금해했다. 잠깐 동안 대화를 나눈 뒤 그는 자신을 애플의 창업자 잡스라고 소개했다. 이때가 1980년 초였으므로 나는 잡스나 애플에 대해 들어본 적이 없었다.

잡스는 나에게 장래에 어떤 일을 하고 싶은지 물었다. 영감이 넘쳐흐르는 대화를 나눈 뒤 우리는 컴퓨터의 미래에 대해 서로 같은 비전을 가지고 있음을 알게 되었다. 물론 그의 비전이 내 비전보다 훨씬 더 깊이 생각한 후에 나온 열정에 찬 것이었지만 말이다. 잡스는 말했다.

"나와 함께 일하면서 세상을 바꿔보는 게 어때요?"

이 만남이 놀라운 것은 잡스가 자신의 편견을 깨고 그 너머를 볼 수 있는 능력을 보여줬다는 점이다. 우선 잡스는 IBM이나 그곳 출신 사람들을 존중하지 않았다. 또 30세가 넘은 사람은 믿질 않았다. 39세의 전 IBM 간부를 받아들이기 위해서 그는 이런 편견을 넘어서야 했다. 나로 말할 것 같으면 어떤 회사에서도 1년 이상 일해본 적이 없는 28살짜리가 경영하는 스타트업에서 일하는 데 편견이 있었다. 잡스는 23살 때 아타리Atari에서 해고당했고 그곳이 그가 유일하게 일한 미국 기업이었다. 이 기념비적인 사건은 내 일생일대의 경험이었다. 잡스와 나, 둘 다 편견을 넘어서지 못했다면 나는 결코 애플에 합류하지 못했을 것이다.

따라서 내가 하고자 하는 말은 이것이다. 변화를 받아들여라. 사람들에게 마음을 열어라. 다른 삶의 방식에 편견을 갖지 마라.

제이 엘리엇
Jay Elliot

의료 응용프로그램 개발회사인 아이메드고 사iMedGo, Inc.의 창업자 겸 CEO다. IBM, 인텔, 애플 컴퓨터 등의 대기업에서 30년이 넘게 경영진으로 일했다. 애플에서는 수석 부사장으로 재직하며 이사회 의장 겸 CEO인 스티브 잡스에게 업무 보고를 했다. 세계적인 베스트셀러 《아이리더십The Steve Jobs Way: iLeadership for oTa New Generation》과 《왜 따르는가Leading Apple with Steve Jobs》를 썼다.

혁신하라, 결코 **모방**하지 마라

피터 몰리뉴

컴퓨터 게임을 개발하는 일을 하게 된 것은 내 인생의 행운이었다. 수십 년 전, 그러니까 처음 일을 시작하던 1980년대에는 나 역시 많은 개발자들이 게임을 만들다가 아이디어가 막혔을 때 하던 것과 같은 방식을 택했다. 경쟁자들이 만든 게임에 눈을 돌려 특정 문제에 그들이 어떻게 접근했는지 살펴보곤 했던 것이다.

이렇게 하면 대부분 자신이 부딪혔던 개발상의 문제를 해결했다고 느끼게 된다. 하지만 내 경험으로 보건대 이것은 거짓 위안이다. 사실 누군가가 특정 문제에 접근했던 방법을 '모방'하거나 '개선'하면, 제품이 이미 가지고 있는 문제를 재생산하게 될 뿐이다.

애플의 아이폰이 등장하기 전까지 많은 휴대전화가 만들어진 방식이 그 대표적인 예라 할 수 있다. 혁신적으로 사고할 줄 알았던 애플은, 휴대전화에서 중요한 것은 단순히 기능이 얼마나 많으냐가 아니라 사용자가 그 기능들과 얼마나 즐겁게 상호작용하느냐임을 간파했다. 내 생각에 애플은 아이폰을 만들 때 타사의 기존 제품들을 살펴보지 않았을 것이다.

좀 더 개인적인 사례는 내가 새로운 게임을 개발하는 경우다. 나는 게임을 만들 때 유사한 종류의 다른 게임들을 절대로 보지 않는다. 새로운 게임의 윤곽을 어느 정도 만들어놓고 난 뒤에야 경쟁사들이 만들고 있는 것을 살펴보는 호사를 부린다. 내 원칙은 이렇다.

"혁신하라. 결코 모방하지 마라."

이런 접근법을 마음에 새긴 채 언제나 백지 한 장을 가지고 시작한다. 가장 먼저 하는 일은 최종 사용자가 게임과 상호작용하면서 느꼈으면 하는 것들을 모두 적어보는 것이다. 기쁨, 용이한 접근성, 유머, 공유 가능성 같은 키워드들, 또 짜릿함, 에로틱함처럼 감정을 자극하는 단어도 이 목록에 자주 포함된다.

일단 키워드가 결정되면 다음으로는 사람들이 제품에 대해 어떻게 기억할지 생각해본다. 이때도 감정과 연관된 단어들이 나오기 쉽다. 예를 들어 사용자들은 즐거움, 공감, 죄책감, 도전 의식, 심지어 자부심도 느낄 수 있다.

이 두 가지 목록이 완성된 뒤에야 나는 개발 중인 게임이나 제품의 개별적인 주제에 착수한다. 예컨대 사용자에게 창의적인 게이머가 된 기분을 선사하고 싶다면, 이미 창조된 것을 파괴함으로써 느끼게 될 죄책감을 동반한 즐거움에 초점을 맞춰야 한다. 이런 감정을 느끼게 하는 데는 오픈월드 시뮬레이션 종류가 어울린다.

게임의 감정적인 측면과 주제를 구축했다면 이제 플레이어와 게임이 상호작용하는 방식을 정해야 한다. 이때 또다시 남들이 택한 방식이나 다른 제품에서 영감을 얻고자 하는 유혹이 생길 수 있다. 그러나 그렇게 하면 실수를 저지르게 된다.

먼저 최종 사용자가 어떤 장치를 사용해 게임을 할지 생각해봐야 한다. 마우스를 사용할지 터치스크린을 사용할지 아니면 게임 컨트롤러를 사용할지. 그러고 나서 그 장치가 무엇을 하는 데 최적인지 생각해보라. 마우스는 정밀한 장치로, 플레이어가 특정 동작을 정확히 지적할 수 있다. 터치스크린은 정서적인 장치로, 사용자가 쓰다듬거나 접촉할 수 있다. 컨트롤러는 신속하게 플레이할 수 있는 장치이며 사용자가 기량을 연마할 수 있다.

장치를 결정했으면 이제 플레이어들이 장치의 사용법을 본능적으로 어떻게 예상할지 생각해야 한다. 게이머에게 마우스의 왼쪽 버튼은 선택을 의미하고, 터치스크린을 손가락으로 꼬집는 것은 화면을 확대하거나 축소하는 것이며, 컨트롤러의 왼쪽 손잡이는 움직임을 뜻한다. 이런 것들이 기본적인 인터페이스의 토대를 형성한다. 언제나 소비자가 직관적으로 사용 방법을 알 수 있게 하는 것이 목표다.

다음으로는 인터페이스에 추가할 요소를 결정한다. 플레이어가

"이렇게 하면 어떻게 될까?"라는 호기심을 갖고 게임하면서 최고의 즐거움을 경험할 수 있게 해주는 이런저런 요소들 말이다.

이제 감정과 관련된 아이디어, 주제, 인터페이스가 갖춰졌다. 다음으로 플레이어가 화면에서 보게 되는 것들을 작업해야 한다. 뭔가 독특한 것을 보여주면 게임이 강력한 힘을 발휘할 수 있다.

다시 한 번 말하지만 이런 독특함은 경쟁사 제품을 살펴봄으로써 얻을 수 있는 게 아니다. 항상 나는 게임 속 세상에 등장하는 사물의 질감과 촉감에 대해 충분히 이야기함으로써 아티스트들에게 영감을 주려고 하는 편이다. 최근 제작한 〈가더스Godus〉는 게임 속 개체의 디자인에 관해 이야기하면서 이탈리아에서 볼 수 있는 테라코타 지붕 기와의 따뜻함이 느껴졌으면 좋겠다고 말했다. 아티스트에게 이런 종류의 느슨한 개념과 감정적인 영감은 기발하고도 멋진 결과물로 이어질 수 있다. 내가 제품에서 경험되길 원하는 감정과 느낌을 항상 상기하는 이유도 이 때문이다.

이와 같은 개념이 구체화되면 본격적인 게임 구현에 돌입한다. 나는 사용자들이 경험했으면 하는 감정들을 벽에 커다란 글씨로 써놓는다. 우리가 받은 영감 그대로 게임이 개발되고 있는지 계속해서 상기하기 위해서다. 따라서 내 조언은 이것이다. 진정 혁신적이고 독창적인 것을 창조하고 싶다면 경쟁자가 만든 것을 엿보고 싶은 욕구를 버려라. 훔쳐보고 싶은 유혹을 뿌리쳐라. 스스로 찾아야 하는 해결책을 얻기 위해 다른 제품을 보지 마라.

피터 몰리뉴
Peter Molyneux

컴퓨터 게임 세계의 전설적인 인물이다. 1987년 불프로그 프로덕션Bullfrog Productions을 공동 설립했고, 파퓰러스Populous 게임을 출시하면서 '갓 게임god game'이라는 새로운 게임 장르를 창시했다. 1997년 불프로그를 떠나 라이언헤드 스튜디오Lionhead Studios라는 새로운 게임 개발회사를 차렸고, 2012년에는 22Cans를 설립했으며, 미국 인터랙티브 예술과학아카데미Academy of Interactive Arts and Sciences, AIAS 명예의 전당에 이름을 올렸다. 또 컴퓨터 비디오 게임 산업에 기여한 공로로 2005년 영국의 신년도 훈장 및 작위 수여 대상 명단에 올라 4등 훈장 수훈자OBE가 되었다. 2007년에는 프랑스 정부가 문화예술공로훈장Chevalier de l'Ordre des Arts et des Lettres을 수여했다.

천재성이란 말 뒤에 감춰진 **함정**

존 네핑거

천재성이란 비범한 모든 것을 의미한다. 단지 최상이 아닌 초자연석인 무엇을 일컫는다. 비할 데 없는 탁월함 말이다. 천재성은 다른 모든 것을 평가하는 기준이 될 수 없다. 평가나 측정의 기준으로는 쓸모가 없다. 그에 비적(比敵)할 만한 다른 무엇이 존재치 않기 때문이다.

천재성은 궁극적인 성취다. 영적인 지복을 추구하는 사람들에게 열반이 그러하듯이 천재성은 노력을 요하는 모든 분야에서 얻고자 하는 지고의 성취다. 천재성은 단순히 게임에서 이기는 것이 아니다. 게임을 초토화시켜 무력하고 하찮은 무엇으로 만들어버리는 것이다.

인간의 업적, 진보의 정점을 정의하는 모든 것이 천재성의 신전을 이룬다. 아인슈타인, 레오나르도 다 빈치, 허먼 멜빌. 천재는 긴 이름이 필요 없다.

'천재적'이라는 것은 불가능할 정도로 탁월한 행위나 그 행위의 주체를 묘사하는 수식어다. 어느 쪽이든 천재라는 개념의 핵심에는 단일 행위자가 창출한, 전에는 상상할 수 없었던 어떤 것이 존재한다. 이 창조 행위는 복제할 수도 필적할 수도 없는 그저 탄복의 대상일 뿐이다.

이보다 더 흥분되는 것이 있을까? 천재성은 마땅히 참신하고 강력하며 매혹적이다. 우리는 이런 천재성을 가까이에서 보고 듣고 경험하고 싶어 한다. 천재성은 우리가 살고 있고 우리가 깊이 감사하는 세상에 대한 개념을 넓혀준다.

천재성이 없는 세상은 작게 느껴질 것이다. 따분하게 느껴질 것이다. 하지만 그럼에도 만약 한 가지를 버려야 한다면 나는 천재성을 꼽겠다.

지금까지 창출된 이론을 잊어버리고 명작을 불태우고 백신을 내다 버리라는 말이 아니다. 우리가 천재적이라고 이름 붙인 것들은 우리에게 기쁨을 주는 창조물이므로 소중하게 간직해야 한다. 버려야 할 것은 천재성이라는 개념이다. 창조물 자체는 가능성과 전망을 촉발하며 우리의 상상력과 미래에 대한 꿈에 불을 붙인다.

그러나 우리가 어떤 창조물에 천재적이라는 수식어를 붙이는 순간 그 모든 불꽃을 짓밟는 셈이 된다. 천재성이라는 개념이, 한때 매력적이고 활력을 주며 우리의 마음을 끌던 창조물을 근접할 수 없는 대상으로 만들어버리기 때문이다. 조금 전까지 무한한 가능성을 시사하던 것이 가능성으로부터 영원히 분리되고, 한때 우리에게 유혹의 손짓을 보내던 것이 유리 진열장 안 추앙의 받침대에 모셔져 우리의 손이 닿지 않는 곳에 자리 잡는다. 과거에 갇혀 먼지가 쌓여가는 유물이 되는 것이다.

더 좋지 않은 것은 사람에게 천재라고 이름 붙이는 것이다. 누군가를 천재로 칭하며 문화적 성유를 바르는 것은 일종의 세속 성인의 지위에 올려놓는 것이다. 원자를 분리했다든지, 클립을 발명했다든지, 〈호텔 캘리포니아〉의 기타 솔로를 연주했다든지 하는 업적으로 천재에 부합하는 창조자로 인정받게 되면 이 새롭게 기름 부음 받은 천재는 한층 높은 곳으로 치솟는다.

이들은 무류(無謬)의 분위기를 얻는다. 그들이 행하는 다른 모든 것이 아무리 거부감이 들거나 보통 수준밖에 안 되는 일일지라도 천재의 기적적인 행위에 의해 사전에 상쇄된 것으로 전제된다. 사실 거부감이 들거나 보통 수준밖에 안 되는 성향조차도 천재의 독특하고 탁월한 창조 과정에 어떤 식으로든 기여한 것으로 여기기까지 한다.

천재를 보는 이 모든 관점은 어느 정도는 환상적이고 흥미로우며 강력하다. 우리는 이런 관점이 사실이 아님에도 불구하고 좋아하는 것이 아니라 사실이 아니어서 좋아한다. 우리가 사는 세상에 초자연적인 무언가를 창조함으로써 우리의 경이감에 다시 불을 붙일 수 있기 때문이다.

그러나 이는 동시에 우리 자신의 상상력을 차단하는 일이다. 우리는 천재라고 이름 붙이는 대상을 마법으로 치부한다. 추구할 가치가 없는 길로 보는 것이다. 그 길을 따라가길 희망할 수 없기 때문이다. 하물며 그 길을 토대로 새로운 길을 연다는 것은 더욱더 생각하기 어렵다. 천재성은 꿈을 이루는 중요한 요소지만 다른 누군가가 보유하는 요소일 뿐이다. 우리 자신에게는 그저 해로운 개념일 뿐이다.

참신한 가치를 창조하는 일은 누구라도 할 수 있다. 꼭 새로운 것을 만들어야 하는 것은 아니다. 그저 새로운 방식으로 상상하기만 해도 된다. 나머지 일은 기적이 맡아서 한다.

이른바 천재성은 분명 신비스러운 일이지만 덜 경탄스러울지도 모르는 아이디어 역시 그에 못지않게 놀라운 일이다. 보통 사람과 비범한 사람 사이에 무슨 경계가 있는 것은 아니다. 둘은 서로 이어져 있으며 그사이를 가로막는 장벽도 없다.

당신이 높이 평가하는 방식대로 하고 싶은 일을 하면서 폭넓게 공감을 얻기 위해 노력하라. 천재라는 낙인을 믿지 마라. 천재라는 이름에 연연하지 마라.

존 네핑거
John Neffinger

중요한 자리에서 청중의 마음을 움직이는 연설이나 프레젠테이션을 할 수 있도록 교육하는 일을 한다. KNP 커뮤니케이션의 공동 창업 파트너로서 미국 정계 요인, 방송 프로그램의 전문 게스트, 회사 중역 등 수백 명을 지도하고 있다. 현재 하버드경영대학원과 컬럼비아경영대학원에 정기적으로 출강한다. 하버드대학교와 컬럼비아 로스쿨을 졸업했으며, 베스트셀러 《어떤 사람이 최고의 자리에 오르는가Compelling People: The Hidden Qualities that Make Us Influentia》를 공동 집필했다.

인생의 묘미를 맛보려면

존 R. 잭 호너

나는 훌륭한 삶을 방해하는 가장 큰 장애물이 우리가 삶의 거의 모든 측면에 대해 갖고 있는 선입견이라고 생각한다.

나는 공룡 고생물학자다. 우리 분야에서는 지난 100여 년 동안 공룡 뼈는 귀중한 것이므로 보물처럼 조심스럽게 다루고 돌봐야 한다고 여겼다. 하지만 나는 공룡 뼈의 외부보다는 내부에 더 많은 정보가 담겨 있음을 발견했다. 그래서 이제는 뼈의 중심부 단면을 얇게 잘라내어 연구하는 방법으로 공룡이 사망할 당시 나이가 몇 살이었는지, 얼마나 빠르게 성장했는지, 해당 종이 어느 정도의 기간 동안 지구 상에 존재했는지 등을 알아낸다. 뼈를 귀중하게 여겨야 한다는 선입견 때문에 오랜 세월 동안 이 모든 것을 밝혀내는 것이 불가능했다.

내 개인적인 삶과 관련해 이야기하자면, 나는 최근에 나보다 나이가 46살이나 어린 나의 가장 친한 친구와 결혼했다. 선입견을 품고 보면 이 결혼이 잘못된 것이고 기이하며 혐오스럽다고 할 것이다. 하지만 이런 비판은 모두 판단하는 사람의 머릿속에 들어 있는 결혼관에 기초할 뿐이다. 우리는 공룡을 사랑하는 두 사람의 공식적인 결합이다.

인생의 묘미는 선입견의 장벽을 허물 때 비로소 맛볼 수 있다.

존 R. 잭 호너
John R. Jack Horner

몬태나대학교에서 7년 동안 수학하며 지질학과 동물학을 전공했다. 1986년에는 '천재상'이라고 알려진 맥아더 펠로십MacArthur Fellowship을 받았다. 과학 잡지 〈뉴 사이언티스트〉는 호너의 저서《공룡 발굴Digging Dinosaurs》을 20세기 가장 중요한 과학책 200권 중 한 권으로 선정했다. 세계 최대 규모의 공룡 현장 조사 프로그램을 감독하고 있으며 로키 박물관의 고생물학 큐레이터, 몬태나 주립대학교의 고생물학과 종신 교수로 재직 중이다.

지혜를 얻는 가장 좋은 방법

앤디 앤드루스

만일 당신에게 자식이 있다면 자식이 어떤 부류의 친구들과 어울리는지 노심초사하며 신경 쓰는 부모의 마음을 누구보다 잘 알 것이다. 부모들은 왜 그럴까? 필경 아이들은 친구의 행동을 금세 닮는 경향이 있기 때문일 것이다. 당신 자녀의 친구들이 허구한 날 못된 짓을 일삼는 말썽쟁이라면 당신 자녀도 얼마 안 가 말썽쟁이가 될 가능성이 크다. 아마 누구나 이 말에 고개를 끄덕이리라.

그런데 어째서 우리는 자식의 삶에는 이 원칙을 적용하면서 우리 자신의 삶에서는 이 원칙을 철저히 잊고 살아갈까? 특정한 나이에 이르면 이 원칙의 유효성이 소멸해버리기라도 하는 걸까? 21살이나 30살 또는 40살이 되면?

그렇지 않다. 이 원칙의 유효성은 절대 사라지지 않는다. 우리가 자신의 가치관이나 습관, 우리 자신에 대해 아무리 확신하고 있더라도 말이다. 당신이 되고 싶은 유형과 동떨어진 사람들하고만 어울리면, 당신은 되고 싶다고 생각했던 그 모습으로부터 점점 멀어지게 된다. 나는 이것이 무척 중요하다고 생각한다. 그래서 사람들한테 이런 질문을 던지곤 한다.

"진정한 친구란 무엇이라고 생각하십니까?"

그러면 둘 중의 한 명꼴로 이런 식의 대답이 돌아온다.

"내 모습을 있는 그대로 받아들여 주는 친구가 진정한 친구죠."

곧장 고개를 끄덕인 사람이라면 특히 이 말에 대해 곰곰이 생각해보길 바란다. 우리가 진정한 친구에게 원하는 게 정말 이것일까? 다른 어떤 누구와도 공유하지 않을 경험과 감정을 기꺼이 함께 나눌 친구에게 기대하는 것이?

이 점을 명심하라. 당신 모습을 있는 그대로 무조건 받아준다는 것은 당신을 진심으로 걱정하고 생각하지 않는다는 의미와 같다.

생각해보라. 당신에게 정말 소중한 누군가가 있다면, 당신은 그 사람이 그저 그렇고 평범한 성과를 거두기를 원하는가? 아닐 것이다! 당신은 그 사람이 인생에서 얻을 수 있는 최고의 무언가를 얻기를 바랄 테고, 최대한 높은 기준을 바라보며 앞으로 나아가길 원할 것이다.

모름지기 진정한 친구는 무조건 고개를 끄덕여주는 '예스맨'이 되어서는 안 된다. 물론 친구란 당신을 응원해주고 기쁜 일이 있을 때 축하해주는 존재다. 하지만 당신의 어리석은 행동을 눈감아버리지 않고 직설적으로 말해줄 줄도 알아야 진짜 친구다. 당신이 스스로 발전을 가로막거나 삶을 망칠 수도 있는 행동을 할 때 그것을 말해주는 사람이야말로 당신을 진심으로 생각하고 아끼는 사람이다.

내가 쓴 책《폰더 씨의 위대한 하루The Traveler's Gift》에서 제시한 성공을 위한 7가지 결단 중의 하나는 '지혜를 찾아 나서기'였다. 이것은 우리가 인생을 살면서 반드시 기억해야 할 중요한 것이다. 사람들은 지혜를 얻는 가장 좋은 방법이 뭐냐고 종종 내게 묻는다. 사실 그 방법은 무척 간단하다. 이 두 가지만 기억하면 되기 때문이다.

1. 책을 읽어라.
2. 당신이 성공하고 싶은 분야에서 이미 성공을 거둔 사람들과 어울려라.

당신을 있는 그대로 받아들이는 사람은 2번의 부류에 포함되지 않을 확률이 높다. 뛰어난 골프 선수가 실력을 키우려고 노력하지 않는 초보자와 함께 경기를 하고 싶은 생각이 들겠는가? 반면에 노력하지 않는 또 다른 초보자는 기꺼이 그와 경기를 할 것이다. 하지만 뛰어난 능력을 갖춘 사람들 중에는 더 배우고 나아지려고 노력하는 이들을 기꺼이 도와주려는 사람이 의외로 많다. 비단 골프 선수만이 아니다. 훌륭한 남편과 아내들, 뛰어난 역량을 지닌 사업가들, 훌륭한 부모들……. 어떤 영역에서든지 그러하다.

당신 삶의 어떤 측면을 더 낫게 변모시키고 싶은가? 기꺼이 배우고 노력하고 성장하겠다는 마음의 준비가 되어 있는가? 그렇다면 당신을 그저 있는 그대로 받아주는 친구를 찾지 마라. 대신 당신이 될 수 있는 최고의 모습을 받아들여 주고 당신의 잠재력을 최고로 발휘할 수 있게 이끌어줄 사람을 찾아라.

앤디 앤드루스
Andy Andrews

〈뉴욕타임스〉에서 "미국에서 가장 영향력 있는 인물들 중 한 명의 자리에 조용하게 오른 사람"이라고 평가받은 앤디루스는 베스트셀러 《1,100만 명을 어떻게 죽일까?How Do You Kill 11 Million People?》, 《오렌지 비치The Noticer》, 《폰더 씨의 위대한 하루The Traveler's Gift》의 저자다. 세계의 수많은 조직에서 찾는 인기 높은 강연가이기도 하다. 지그 지글러Zig Ziglar는 앤드루스를 두고 "내가 만나본 최고의 강연가"라고 극찬했다.

다르게 보는 것만으로도 달라질 수 있다

멜라니 스완

내 경험상 우리가 본인과 타인을 위해 할 수 있는 최상의 일 중 하나는 자신만의 사고방식에서 벗어나려고 노력하는 것이다. 스스로 의식하지 못하더라도 기본적인 나름의 사고방식을 갖는다는 점에서 나도 남들과 똑같다. 우리가 각자 개인적인 사고방식이 있다는 것을 안다손 치더라도, 자신의 사고방식을 파악해 타인의 사고방식과 대조해보거나 자신의 사고방식을 바꿔보려고 고민하지는 않을 수 있다. 사고방식 간에 이동이 가능하다는 것이 무엇을 의미하는지조차 생각해보지 않을 수도 있다.

이것은 일종의 전체주의화의 문제다. 전적으로 어떤 것 안에 존재함으로써 전체인 그것의 밖을 보기 힘들어지는 상황을 말한다. 만약 우리가 자신의 머릿속으로만 무언가를 생각하고 고려한다면 그 영역 안에 들어 있지 않은 것은 어떻게 생각하고 볼 수 있겠는가? 당연히 이는

풀기 불가능한 난제다. 볼 수 있는 것 너머에 있는 것을 어떻게 봐야 한단 말인가? 우리가 모르는 것을 어떻게 알 수 있단 말인가?

전체주의화에서 벗어나려면

전체주의화는 상당 부분 철학적으로 고찰해야 할 문제다. 세계나 현실과 같은 개념에 외면성(바깥쪽)이 있는지, 있다면 도달할 수 있는지 하는 질문을 던지면서 말이다. 자크 데리다Jacques Derrida 같은 철학자는 전체주의화에서의 탈출이(전체주의적인 어떤 시스템에서의 탈출이라도) 실제로 가능하다고 생각한다. 한 가지 방법은 문학을 통해서다. 문학은 자체적으로 우주(전체주의화)를 제공하지만 바깥쪽(우리가 사는 세계)과의 연결고리도 필연적으로 제공한다.

다른 방법은 동의나 찬성의 개념을 통해서다. 듣는 쪽의 긍정과 말하는 쪽의 주장이 전체주의화할 수 없는 역동적인 과정에서 이루어지기 때문이다.

우리의 삶에 적용할 수 있는 좀 덜 복잡한 방법도 있을 수 있다. 우리가 사고의 전체주의화에서 벗어나 무언가를 다르게 볼 수 있는 바깥쪽, 외면성에 도달하는 다른 방법이 있을 것이다. 명시적으로 말해 우리는 세계를 경험하는 다른 방법을 시도해볼 수 있다. 다른 사람들에게서 그들이 현실을 이해하는 방법을 배우고, 종점에 이르는 것보다는 여정을 경험하는 가운데 더 많은 즐거움을 얻을 수도 있다는 사실에 주목하는 것이다. 아마도 가장 중요한 점은 새로운 아이디어, 새로운 사고방식과 존재방식에, 특히 첫눈에는 타당해 보이지 않는 새로운 것들에 적절히 대응하는 것이리라.

나는 최근 개인적으로 이와 관련된 경험을 했다. 목표를 달성하는 종점보다 여정이 더 중요할 수 있지만, 목표를 수립하고 목표를 향해 나아가는 것도 생성(生成, 어떤 것이 스스로 다른 것으로 되어가는 것으로 고정성에 대립하는 철학 원리-옮긴이)의 중요한 과정이라 할 수 있다. 명확하게 제시하고 달성 가능하며 달성이 입증된 잘 세운 목표와 실행 계획, 목표 달성에 대한 책임감을 갖추는 것이 바람직하다는 것은 나도 안다.

일단 목표를 수립하면 그것을 달성하기까지의 진행 과정은 계속해서 평가해야 한다. 처음에 생각했던 전략과 실행 계획이 효과가 없을 때는 새로운 계획이 필요할 수도 있다. 성공한 사람들을 보면 언제 새로운 전략이 필요한지 잘 알고, 목표를 이루거나 목표를 재설정하기 위해 새로운 전략을 채택하는 데 융통성을 보인다. 전략과 그 효과를 평가하는 것이 핵심 기술이다.

문제를 융통성 있게 해결하려면

나는 이 사실을 염두에 두고 어떤 자기계발 회의에 참석했다. 나는 목표 X를 이루기 위해서는 새로운 전략이 필요하다고 생각했다. 어쩌면 다른 사람들이 더 좋은 생각을 하고 있을지도 모르고 목표 X를 달성하기 위한 모범 관행이 있을지도 모른다.

하지만 나는 곧 내가 전체주의 사고에 빠져 있음을 깨달았다. 다른 사람들이 어떻게 하면 점진적 증진을 넘어서는 특출한 성과를 예상하고 성취할 수 있는지, 또 어떻게 하면 바람직하지 않은 것을 개선할 수 있는지 이야기하는 것을 들으면서 근시안적으로 생각하고 질문하려 애썼다.

"목표 X를 이루기 위해 어떤 종류의 전략을 사용할 수 있을까요?"

그러나 이 현실적이고 직접적인 경로는 다른 사람들이 나누는 대화 속에서 전혀 주목받지 못했고, 곧바로 큰 그림을 보지 못하는 지나치게 단순하고 수준 낮은 사고방식으로 치부되었다. 나는 아주 혼란스러웠지만 다음 질문에 맞춰 생각하려 했다.

'내가 이해하지 못하는 이것들이 무엇을 의미하지?'

전체주의 사고를 극복한 사람들에게서 볼 수 있는 공통점은 문제를 재고하는 성향이 있다는 것이다(의도적일 수도 있고 우연일 수도 있다). 문제를 이리저리 고민해보다가 다른 방식으로 이해하게 되었다는 의미다. 문제를 다르게 인지하면 결과적으로 다른 종류의 해결책이 나타나기 시작한다. 혹은 새로운 개념화로 인해 이전에 추구하던 해결책이나 문제 자체가 고려할 가치가 없거나 쓸모없는 것이 되기도 한다.

핵심은 초점의 수준이 변화하는 것이다. 초점의 중심이 하나의 문제에 갇힌 작은 범위에서 어떤 문제를 새로운 방식으로 고찰하는 더 큰 범위로 옮겨간다. 그럼으로써 문제의 '성격'보다는 문제를 바라보는 '사람' 안에서 변화가 일어난다. 가단성이 적은 문제와 달리 더 유연한 사람은 다양한 선택과 해결책을 노출한다. 문제가 차지하는 공간 그 자체는 '해결책 A'나 '해결책 B'를 연결해보는 것 외에 더 많은 선택 사항을 허용하지 않는다.

그날 그 회의에서 내가 시도했던 것이 바로 이것이었다. 문제의 구조를 고정된 것으로 보는 것 말이다. 서로 다른 전략을 시도하는 데 해결책이 있다고 보고 시행착오를 거쳐 효과가 있는 것을 찾을 때까지 시도해보려 했다. 그래서는 결코 해결책을 얻지 못하는 경우가 허다한데 말이다.

비유를 하자면 의학적인 문제를 해결하는 데 다양한 약물을 사용해보는 것과 같다. 내가 새로운 전략만을 추구했던 것처럼 유사한 종류의 방안을 잇달아 연결해보는 방식이다. 실질적인 해결책은 다른 방식으로 더 높은 수준의 사고를 필요로 하는데 말이다. 질병의 경우 더 높은 수준의 사고란 환자의 생활방식과 유전자, 가족력, 함께 기능하는 여타 요인들로 이루어진 체계까지 생각하는 것을 말한다. 이렇게 높은 수준에서 사고해야 단지 증상만이 아니라 질병의 원인에 대해서도 고심할 가능성이 커진다.

내가 그 자기계발 회의에서 얻은 것은 거듭되는 내 사고의 전체주의화에서 벗어날 가능성이었다. 이는 문제를 재개념화하는 새로운 방법을 추구함으로써 가능했다. 단순한 수준의 문제는 여러 가지 해법이나 전략, 실행 계획을 적용해봄으로써 해결할 수 있을지 모른다. 예를 들어 '역기를 들면 근육이 생길 거야'라고 생각하는 것처럼 문제와 해결책을 간단히 짝지을 수 있다.

하지만 이보다 다소 복잡한 종류의 문제들은 새로운 방식으로 문제를 인지함으로써 더 나은 해결책을 찾을 수 있다. 문제를 보는 방식에 약간의 변화를 가하면 문제가 재구성되어 새로운 종류의 해결책이 저절로 나타나거나 문제 자체가 더는 중요하지 않게 된다. 이런 좀 더 복잡한 종류의 문제를 예로 들자면 바로 다음과 같은 질문이다.

"어떤 교육 프로그램이 나에게 좋을까?"

문제를 다르게 보는 것만으로, 혹은 문제를 다른 방식으로 바꾸어 표현하는 것만으로도 상황이 달라 보이고 새로운 종류의 답을 볼 수 있다. 특히 나는 다른 사람들의 사고방식과 조화를 이루려고 노력하는 편이다. 그들이 강조하는 것이 무엇인지, 그들의 관점이 어떤 식으로 합체되는지, 그들이 주장을 어떻게 추론하고 창출하는지, 요점을 설명하기 위해 이야기와 사례는 어떻게 사용하는지, 그들의 생각이 어떻게 흐르고 어떻게 받아들여지는지에 주목한다. 이렇게 나는 다른 사람들의 사고방식과 조율하면서 나 자신의 사고방식을 더 쉽게 이동할 수 있게 되었고, 문제를 더 큰 규모로 재개념화하게 되었다.

멜라니 스완
Melanie Swan

철학자이자 과학 기술 분야의 미래학자, 옵션 트레이더다. 펜실베이니아대학교 와튼 스쿨에서 경영학 석사를, 조지타운대학교에서 학사 학위를 취득했으며 현재 런던 킹스턴대학교와 파리 제8대학교의 현대철학 대학원에 재학 중이다. 크라우드소싱 기반 건강 조사 연구의 지평을 연 시민 과학 조직 DIY제노믹스DIYgenomics를 창설했다. 실리콘밸리의 아이패스iPass, 뉴욕의 JP 모건Morgan, 보스턴의 피델리티Fidelity, LA의 아서 앤더슨Arthur Andersen 등에서 관리 및 재무 관련직에 몸담은 바 있다.

4

타인의 욕망을 욕망하지 않는 법

에드워드 테너

우리에게는 **눈가리개**가 필요하다

시어도어 루스벨트Theodore Roosevelt는 "비교는 삶의 즐거움을 갉아먹는 도둑이다"라고 말했다고 한다. 하지만 그가 그런 말을 했을 리 없다. 사실 그는 굉장히 경쟁심이 강한 인물이고 학창시절에도 자신의 높은 성적을 자랑스러워했기 때문이다. 그는 하버드대학교 재학 시절 자기 과의 상위 학생 20명 중에 자신보다 성적이 좋은 '신사'가 겨우 한 명뿐이라고 자랑하는 편지를 어머니에게 쓰기도 했다. 당시에는 공부 잘하는 학생을 '신사', 공부 못하는 학생을 '상놈'이라고 불렀다.

목장을 경영하며 살던 시기에는 자신을 '미스터 루스벨트'라는 경칭으로 부르지 않는 사람에게 불편한 심기를 드러냈다. 또 언론에서 자신을 '테디'라는 별칭으로 부르는 것을 몹시 싫어했다. 루스벨트가 "비교는 삶의 즐거움을 갉아먹는 도둑이다"라는 말을 하지 않았던 것은 분명하다. 그는 누구보다 이 말의 의미를 깨달아야 했을 사람이다.

요즘은 루스벨트 시대보다 훨씬 더 비교에 의한 평가가 만연하는 세상이다. 비즈니스계, 학계, 예술계 등 이런저런 전문 직종에서 모종의 성공을 거둔 사람들도 결국에는 타인이 그들을 비교하고 평가한 결과로 그 자리에 있는 것이다. 선생님, 입학 사정관, 심사위원, 고객들에 의한 평가 말이다. 미국에서는 대통령과 대법원 판사조차도 수시로 여론 조사와 학자들에 의해 순위가 매겨진다. 일부 독자들은 특정 작가의 작품을 다른 작가와 비교할 뿐만 아니라 해당 작가의 과거 작품과 비교하는 데도 몹시 비판적으로 열을 올린다. 요즘은 도서 판매 순위가 일요일자 〈뉴욕타임스〉 북 리뷰 섹션에서 단평란 지면의 최대 25%를 차지하기도 한다.

최고의 자리에 오르는 성공을 거둔다고 해서 비교에 대한 강박적인 집착에서 벗어나는 것도 아니다. 나의 모교인 프린스턴대학교는 얼마 전 〈US 뉴스 앤드 월드 리포트US News & World Report〉가 발표한 미국 대학 순위에서 1위를 차지했지만, 이것은 앞으로 순위가 내려갈 일밖에 남지 않았다는 의미이기도 하다.

비교에 대한 광증은 최첨단 기술과 만나 과거에 없던 현상도 만들어냈다. 페이스북은 한 하버드 대학생이 친구들에게 학생들의 외모를 평가해 점수를 매겨달라고 요청한 프로젝트에서 시작됐다. 콜택시와 유사한 서비스인 우버Uber에서는 운전자가 승객을 평가하게 하는데, 아마도 불법 택시 서비스가 아니라 동등한 시민들 간의 차량 공유 사업이라는 이미지를 유지하기 위해서일 것이다. 미국의 일부 대기업은 '순위 매겨 해고하기rank and yank' 시스템을 운영하고 있다. 업무 성과를 상대 평가하여 최하위 점수를 받은 직원들은 자동으로 해고되는 것이다.

온라인 공간에서는 소수의 권위 있는 비평가나 전문가를 대신하여 이제 일반인 누구나 평가를 통해 순위 선정에 영향을 미칠 수 있다. 하지만 평가를 내리는 이들이 실제로 책을 읽었거나 제품을 사용해보았는지 확인할 길이 없는 경우가 허다하다. 다른 사람인 척 가장하는 가짜 아이디를 만들어 자기 책의 평가 순위를 높이는 데 이용하는 저자도 많다.

남과의 비교에서 자유롭지 않은 사람들

부유하거나 성공을 거둔 이들이라면 끊임없이 남과 비교하는 심리에서 자유로울까? 그렇지 않다. 최근 〈뉴욕타임스〉에는 열차를 타고 롱아일랜드 햄프턴스 지역을 찾는 부유한 휴양객들이 요란한 개인 헬리콥터를 타고 이동하는 최고 부유층 사람들을 보며 강한 시기심을 느낀다는 기사가 보도되었다. 한 해에 4만 달러가 넘기도 하는 뉴욕 사립학교의 등록금을 간신히 감당하면서 비가 오나 눈이 오나 걸어서 자녀를 학교까지 바래다줘야 하는 학부모들은 자기 자녀의 반 친구들이 고급 승용차를 타고 등교하는 모습을 부러움 가득한 시선으로 바라본다.

한편 자신의 개인 전용기를 샌 카를로스 공항에 세워두는 실리콘밸리 사업가들은 이제 8,200만 달러 예산으로 건설되는 구글의 전용 항공기 터미널을 부러운 눈으로 바라봐야 한다. 구글의 경영진은 총 8대의 비행기를 보유하고 있다.

물론 경쟁은 비단 어제오늘 나타난 새로운 현상이 아니다. 19세기 후반 미국 자본주의가 급속히 발전한 도금시대Gilded Age의 갑부들은 앞다퉈 화려한 저택을 짓고 더 커다란 요트를 소유했다. 일부 부자들은 자신이 거느린 순종 말들을 관리하기 위해 마구간과 조련사에 아낌없이 돈을 쏟아부었다. 또 많은 이들이 상류층만의 사교계 명사 인명록에 이름을 올리고자 애썼으며, 여기에 이름이 등재되는 데는 개인의 업적보다 가문과 혈통이 더 중요할 때가 많았다.

그러나 100여 년 전의 불평등은 지금의 불평등에 비해 심리적으로 덜 잔인했을지도 모른다. 당시 부자들은 일선의 사업 활동에서 물러난 뒤 그 일을 전문 경영인과 변호사들에게 맡겼다. 급진적 경제학자 소스타인 베블런Thorstein Veblen은 그런 부자들을 일컬어 '유한계급(有閑階級)Leisure Class'이라고 불렀다. 그들의 대리인들은 자신을 고용한 갑부의 물질적 이익을 적극적으로 보호했지만, 갑부들은 오늘날의 실리콘밸리 억만장자들과 달리 창의적인 엘리트인 체하지 않았다. 많은 이들이 대학교육, 심지어 고등학교 교육조차 받지 못했던 당시에는 노동자 계층에 속하거나 남들과 비교해 더 가난하다는 것이 별로 수치스러운 일이 아니었다. 역설적이게도 불평등은 오늘날은 상상하기 힘든, 사람들 사이의 결속을 낳았다.

20세기 들어 대학 숫자가 늘어나고 대학교육 기회가 확대된 것은 사회 입장에서 보면 커다란 이득이었지만, 남과 비교하는 병적인 심리가 점차 심해지는 결과도 낳았다. 나는 프린스턴대학교 졸업반의 상위 1%에 속하는 우수한 성적으로 졸업했고 대학원의 연구 장학금도 받았다. 덕분에 역사학 박사 과정을 밟는 동안 학비 걱정을 전혀 하지 않아도 되었다. 그리고 꿈에 그리던 하버드 특별연구원 자격과 연구 지원금도 얻었다. 하지만 그 시간 동안 행복했느냐는 질문을 받는다면 그렇다고 대답할 수가 없다. 논문 지도교수와 나의 이해관계가 불일치해서 제대로 지도를 받지 못한 탓에 연구 진척 과정이 더디기만 한 나 자신과, 인상적인 연구결과를 속속 내놓는 다른 동료들을 마음속에서 끊임없이 비교했기 때문이다.

하버드는 학부 신입생부터 교수진에 이르기까지 모두 비교에 중독된 학교 같았다. 프린스턴대학교에서는 우등생 클럽인 파이 베타 카파Phi Beta Kappa에 들어갈 수 있는 자격을 엄격하게 평균 평점을 기준으로 정했다. 하버드에서는 특별위원회가 너무 쉬운 과목들 위주로 수강한 학생을 추려내 배제한다는 명목하에 성적 증명서를 검토했다. 프린스턴을 비롯한 대부분 대학에서는 동창회지의 부고란에 해당 인물의 졸업 연도만 적지만, 하버드는 학부 시절의 성적(우등생 중 1등급, 2등급, 3등급)을 나타내는 약자가 죽은 다음에도 꼬리표처럼 계속 따라다닌다.

하버드는 교수 임용 과정이 엄격하기로도 유명한데, 외부 고문들이 후보자를 해당 분야의 수많은 학자들과 비교하여 평가한다. 그간의 결과를 놓고 보면 이런 엄격한 비교의 결과가 꼭 성공적이지만은 않았는데도 말이다. 내가 하버드에 있을 당시 총장은 "대학을 망치는 가장 확실한 길은 뛰어난 인재가 아니라 착한 인재들로 학교를 채우는 것"이라고 말했다. 페미니즘이 부상하면서 이 말은 그가 의도치 않았던 의미로 해석되기도 했다.

하버드대학교 사학과 입장에서 보기에, 내가 일류 대학을 나왔다 한들 그런 이력은 별로 소용이 없었다. 그곳에서는 나 같은 비 하버드 출신들을 뛰어나지도 않은 하버드 졸업생들과 늘 비교했고 우리를 부족하다고 평가했다.

인생은 비교의 연속

이 힘겨운 시간을 거치는 동안 나는 언젠가부터 비교라는 망령에서 자유로워지기 시작했다. 그보다 몇 년 전이었으면 충분히 인정받았을 내 논문은 1970년대 취업 시장의 악화로 경쟁력이 떨어졌다. 하지만 지금 되돌아보면 그 덕분에 19세기 독일 유형의 전문화 위주의 삶에서, 제너럴리스트generalist 성향이 강했던 내가 원치 않았던 삶에서 벗어날 수 있었던 것 같다.

나는 《전염병의 세계사Plagues and Peoples》를 저술한 세계적인 역사학자 윌리엄 맥닐William H. McNeill 교수 밑에서 잠시 연구 조교로 일하게 되었는데, 그때 과학과 의학, 정치역사에 대한 지식 말고도 더 중요한 것을 배울 수 있었다. 맥닐 교수는 용기와 소신을 갖고 묵묵히 자신의 길을 걷는 학자의 모습을, 타인의 비판이나 남들과 비교당하는 것을 전혀 두려워하지 않는 당당한 모습을 보여주었다.

훗날 맥닐 교수가 프린스턴대학교를 방문했을 때 역사학자들은 별로 큰 관심을 보이지 않았다. 오히려 과학자들이 자신들이 연구하고 있는 집단생물학을 인류 역사에도 적용할 수 있다는 관점을 흥미로워하며 커다란 관심을 보였다.

이런 경험은 내가 프린스턴대학교 출판부의 과학 담당 편집자로 새로운 삶을 시작하는 데 간접적으로 도움이 되었다. 나의 인문학적 배경이 귀중한 자산이 되었다. 나중에 동료한테 들은 바로는, 당시 편집자 자리에 지원한 과학자들이 60명이나 되었다고 했다. 박사 학위 소지자도 많았다. 그런데도 내가 뽑힌 이유는 내 배경이 그들과 비교가 안 되었기 때문이다. 어느 상업 매체의 과학 편집자가 쓴 표현을 빌리자면 나는 "출판업계 최고의 일자리"를 얻은 상태였다. 자신도 과학 편집자로 일한 경력이 있는 발행인 겸 책임자는 출간용 과학 논문을 입수하려는 경쟁이 치열한 세계에 들어왔지만 한번 열심히 뛰어보라며 나를 크게 격려해주었다.

하지만 시간이 흐르자 비교의 망령이 다시 모습을 드러내기 시작했다. 편집자 일을 시작했을 때 내 연봉은 대학 조교수로 일하는 친구들과 비슷한 수준이었지만, 일하면서 훨씬 더 다채로운 경험을 할 수 있었고, 종신 재직권을 얻어야 한다는 스트레스도 없었으며, 새로운 주제를 탐구하면서 돈도 벌 수 있었다. 취업하지 않고 계속 학위만 따는 학생이 되는 게 내 꿈이었는데, 그 꿈을 비슷하게나마 이룬 셈이었다. 뉴욕의 상업 간행물에서 일하는 편집자가 받는 연봉이 더 높을지 모르지만, 그들에게는 상업적 이익이라는 성과를 내야 한다는 커다란 스트레스도 따른다. 그들에 비하면 나는 훨씬 즐겁게 일할 수 있었다. 일례로 대황(大黃)이라는 식물의 역사를 다룬 책의 출판을 후원하는 흥미로운 경험도 했다. 게다가 뉴욕 편집자들은 봉급의 상당 부분을 임대료와 세금으로 착취당해야 했다.

문제는 내 친구들이 종신 교수 재직권을 얻고 거기에 따르는 자유와 안정을 누리는 동안 편집자인 내 연봉은 그들보다 훨씬 못했다는 사실이었다. 비교의 망령이 다시 나를 괴롭히기 시작했다. 직급이 올라가고 학과장들로 구성된 집행위원회의 일원이 되고 나서도 내 연봉 수준은 마찬가지였다. 두세 군데 대학 출판부의 책임자 자리에 지원해보니 나 같은 경력으로는 명함도 내밀 수가 없었다.

멋진 승자가 되는 법

내가 글 쓰는 저술가로서의 정체성에 눈 뜨게 된 것은 바로 그즈음이었다. 나는 1984년에 하버드, 예일, 프린스턴에서 소논문 한 편을 발표했다. 얼마 전에 세 학교의 동창회지에도 실었던 글이었다. 나는 가슴 절절하게 깨달았다. 편집 일을 할 때보다 내 글을 쓸 때 훨씬 더 행복하다는 사실을. 그것은 '나의' 글이기 때문이다. 아이비리그에서 발표된 그 어떤 글과도 다른 나만의 글 말이다. 나만의 문체와 스타일을 갖고

닦았다. 내가 존경하는 여러 작가와 편집자들도 내 글을 인정해주었다. 다른 작가들과 비교해 내가 어떤 평가를 받는지 따위는 하나도 중요하지 않았다. 그것은 정말로 내가 가고 싶은 길이었으니까.

그래서 1991년 구겐하임 펠로우십Guggenheim Fellowship 지원금을 받은 이후에 독립 작가로 전향하기로 결심했다. 내 친한 대학 동창의 어머니는 그런 나를 보고 용감하다고 했지만 사실 그건 '미친 짓'이라는 걸 에둘러 표현한 말이었다. 하지만 내가 그냥 편집자로 남았다면 그게 정말 미친 짓이었을 것이다. 그리고 진정으로 원하는 꿈을 좇지 못하고 온갖 책무에 짓눌려 사는 대학 출판부의 책임자가 되는 것은 더 미친 짓이었으리라.

웹 2.0과 소셜미디어가 활개를 치는 요즘 세상에서 나는 내 책의 온라인 리뷰들을 훑어보고, 인용 분석 도구를 이용해 그 책의 영향력을 모니터링하고, 아마존의 판매 순위를 초조하게 지켜보면서 안달복달할 수도 있을 것이다. 어떤 이들은 끊임없이 남과 자신을 비교하면서 자신을 괴롭힌다. "저 예쁜가요? 아닌가요?"라는 제목으로 자기 모습을 찍은 동영상을 인터넷에 올리는 10대 소녀들을 생각해보라.

나는 마르틴 루터Martin Luther가 지녔던 삶의 태도를 닮고 싶다. 그는 신께서 자신에게 경주마가 쓰는 것과 같은 눈가리개를 씌워주셨다고 말했다. 주변의 위험한 유혹에 현혹되지 않고 똑바로 앞만 보며 목표에 집중할 수 있도록 말이다. 약간의 비교는 우리 삶에 이로울지 모르나, 대개는 눈가리개가 필요하다.

비교는 우리의 잠재력을 최대치로 발휘하고 자신만의 독특한 재능을 더 풍성하게 일구는 데 방해가 된다. 나는 이것을 조금 늦게 깨달았지만 너무 늦지는 않았으니 다행이다. 살면서 어쩔 수 없이 이런저런 상황에서 남과 비교되겠지만, 그런 비교에 개의치 않아야 진정 멋진 승자가 된다는 것을 기억하라. 내가 지금까지 받았던 연구 지원금이나 원고 청탁, 강연 요청들은 대부분 내가 먼저 나서서 청한 것이 아니었다. 과거에 썼던 어떤 글이나 언젠가 했던 강연이 나는 예상하지 못했어도 누군가 또는 어떤 조직의 관심사와 공명했던 덕분에 자연스럽게 이후 여러 의뢰가 들어왔다.

비교라는 함정에 빠지려는 이들에게 이 말을 해주고 싶다. 당신은, 그리고 당신의 삶은 '오르콩쿠르hors concours(심사를 거치지 않고 미술 전람회에 진열하는 작품)'가 될 자격이 충분하다는 사실을 잊지 말기를.

에드워드 테너
Edward Tenner

널리 호평받은 책인 《왜 일들이 제대로 안 되는가Why Things Bite Back》와 《사물의 역습Our Own Devices》을 저술했다. 〈뉴욕타임스〉, 〈애틀랜틱〉을 비롯한 여러 신문과 잡지에 글을 기고하고 있으며, 프린스턴대학교를 졸업하고 시카고대학교에서 박사 학위를 받았다. 또한 하버드대학교의 특별연구원으로 활동했다. 유럽사 전문가였던 그는 과학 전문 편집자로 방향을 바꿨고 프린스턴대학교 출판부에서 자연과학, 역사 담당 편집장으로 일했다. 이후 프린스턴대학교에서 자연과학, 인문학, 사회과학 분야의 초빙 강사로 강의를 해왔다.

나는 **나 자신**에게 **만족**해본 적이 단 한 번도 없다

마리사 피어

우리는 대부분 같은 것을 원한다. 행복해지길 원하고 자존감이 높아지길 바라며 내면의 평화를 찾기를 갈구한다. 사실 이 모두는 이루기 힘들어 보인다. 하지만 간단한 한 마디를 매일 자신에게 되풀이하는 것만으로 이 모두를 얻을 수 있다고 한다면 내 말을 믿겠는가?

"나는 충분해."

이렇게 되뇌기만 하면 된다. 샤워를 하거나 양치질을 하면서 자신을 향해 이렇게 말하기만 하면 당신의 삶은 변할 것이다. 믿어주길 바란다. 내 삶은 진짜 그렇게 해서 바뀌었다.

25년간 심리치료사로 일하면서 나는 너무도 많은 사람들의 문제가 스스로 충분히 매력적이지 못하고 유머감각이 없고 성공하지 못했고 부유하지 않다고 느끼는 데서 비롯된다는 사실을 알았다. 출세하여 부를 얻은 사람들까지도 여전히 스스로가 충분하지 못하다고 믿는다. 그 이유는 대개 어린 시절에 자신이 충분히 훌륭하지도 사랑스럽지도 못하다고 느꼈기 때문이다. 만약 현재 자신이 충분하지 못하다고 느낀다면, 앞으로도 결코 충분해질 수 없으리라는 느낌이 이어질 것이다.

이런 느낌은 과식과 과소비, 과도한 비축 같은 다양한 과잉성 질병의 원인이 된다. 현대에 들어 생겨난 과음, 폭음, 충동 쇼핑, 과식 같은 문제는 스스로 충분하다고 느끼지 못하는 데서 오는 내적 공허함을 외적인 무엇으로 채우고자 하는 욕구에서 기인한다.

당신은 충분하다

나에게도 오랫동안 이런 문제가 있었다. 나는 언제나 더 익살맞고 더 영리하며 더 성공적이고 더 매력적이어야 한다고 생각했다. 있는 그대로의 나 자신에 한 번도 만족해본 적이 없는 나는 사랑하는 사람과 함께 성공적인 삶을 영위하고 있으면서도 왠지 내가 사람들을 속이고 있는 것처럼 느꼈고 실망스러운 존재가 될까 봐 걱정했다. 그러다 어느 순간부터 이런 상황에 멋진 변화가 생겼으니, 바로 "나는 충분해"라고 말하는 법을 배우고 나서부터다.

교장 선생님의 딸이었던 나는 언제나 똑똑해 보이고 애정과 관심의 대상이 되어야 한다고 생각했다. 이것은 그냥 주어지는 게 아니었다. 남자 친구에게도 내가 대단히 멋진 사람인 척해야 한다고 생각했다. 이런 가식을 지속시키기는 쉽지 않았다. 늘 본래의 내 모습으로 사랑받는 것은 아니라는 느낌을 들었다.

이제 나는 더 이상 내가 아닌 다른 사람인 척할 필요가 없다. 있는 그대로의 나를 남편이 사랑하고 있음을 나는 안다. 이것은 아주 사랑스러운 느낌이며 나에게 큰 위안이 된다.

모든 인간에게는 똑같은 욕구가 있다. 받아들여지고 싶은 욕구, 거부당하지 않으려는 욕구. 스스로 충분하다고 되뇌면 거부당하는 것을 피하고 가치 있는 존재로 온전히 받아들여지는 느낌을 받을 수 있다. 나는 언제나 거부당할까 봐 두려워 내 본래의 모습을 보여줄 수 없었다. 하지만 이제는 내가 허용하지 않는 이상 아무도 나를 거부할 수 없다는 사실을 잘 안다.

최근에 나는 TED에 나가 거절에 대처하는 법에 대해 강연했다. 청중 모두가 공감하는 분위기였다. 거부당하는 것에 대한 두려움이 그렇게 보편적이라는 의미다. 이 두려움은 부족으로부터 거부당하지 않는 것과 세상에서의 생존이 밀접하게 관련되었던 부족사회의 잔재일 것이다www.youtube.com/watch?v=zeDt9dgEXFk.

자신이 충분하다는 인식은 심적 평화를 찾는다는 점에서 아주 중요하며, 이를 위해서는 스스로 충분하다고 깨닫는 것이 필요하다. 진정한 자신감으로 자존감을 지속해서 유지하기 위해서는 자신이 충분하다고 느끼고 인식해야 한다. 이 깨달음이 자신감의 가장 핵심에 자리한다. 자신이 충분하다는 깨달음은 과도한 물질에 대한 욕구나 강박적인 소비에서 벗어나는 것 이상의 긍정적인 결과를 안겨준다. 자신이 충분하다고 느끼면 자신감에 영향을 미치는 수많은 불필요한 불안으로부터 자유로워질 수 있다.

자신이 충분히 훌륭하지 않다거나 가치가 없다거나, 혹은 충분히 흥미로운 사람이 아니라고 느끼는 것은 우울증, 불안감, 세계적으로 수많은 사람이 겪고 있는 충동구매나 과소비의 주된 원인이 될 수 있다. 우리는 충분히 흥미롭지도 매력적이지도 스마트하지도 부유하지도, 특히 충분히 훌륭하지도 않다고 느끼기에 물건을 사는 것으로 이 문제를 해결하려 든다. 이런 현상을 칭하는 용어가 있다. 바로 '과잉병excessive sickness'이다. 가치 있는 사람으로 인정받고 싶은 욕구가 제대로 충족되지 않아 과도하게 물건을 사고 또 사려는 욕구다.

나는 수년에 걸쳐 중독이나 강박증에 시달리는 사람들을 치료해왔다. 그러면서 발견한 아주 놀라운 사실은 이들 모두가 자신이 결코 충분하지 않다고 느끼며 대부분은 앞으로도 만족스러운 상태가 될 수 없을 거라고 생각한다는 점이다. 이들은 지나치게 소비하고 너무 오랜 시간 힘들게 일하는 것으로 과잉 보상을 받으려 하며 종종 물건을 축적하는 데 열중하기도 한다. 자신이 충분치 못하다는 느낌과 중독이나 강박 문제를 연결하는 것은 어렵지 않았고, 고객과 상담을 진행할 때마다 그 연관성은 더욱 분명해졌다.

너무 많은 것을 원하고 필요로 하는 이유는 일반적으로 내적인 부족감, 내부에 있어야 할 무언가가 없는 듯한 느낌, 즉 환자 중 한 명의 말마따나 "내면의 공허감"에서 비롯된다. 결국 우리는 점점 더 많은 물질적인 무엇이 필요하다고 느끼고 '이 모든 것을 가져야, 이렇게 많은 것을 성취해야 나는 충분해질 수 있어'라고 생각한다. 내적으로 느끼는 부족을 보완하고 우리 안에 있는 공허를 채워 자신이 가치 있는 사람이라고 느끼고 싶은 시도다.

우리는 행복해질 수 있고 내면의 평화를 찾을 수 있다. 매일 자신에게 자신이 충분하다고 말하고, 우리가 원하는 모든 것이 실은 그것으로 인해 어떤 만족감 같은 것을 느낄 수 있으리라 생각하기 때문임을 이해하면 된다. 물건을 사지 않고도 이런 만족감을 느낄 수 있다면 치유된 것이다. "나는 충분해. 나는 충분히 많은 것을 가졌어. 더 이상 필요치 않아"라고 말함으로써 과식, 과소비, 과욕에서 벗어날 수 있다. 이런 말이 공허함을 채워주고 내적인 허무감을 없애주기 때문이다.

스스로 자신이 충분하다고 말하는 것의 중요성은 아무리 강조해도 지나치지 않다. 아주 단순한 행위지만 그 효과는 인생을 변화시킬 정도로 강력하다. "나는 충분해"라고 끊임없이 말해야 한다. 큰 소리로 감정을 담아 진심으로 자신이 충분하다고 느끼면서, 반복적으로 몇 주 동안 계속 말해야 한다. 이 말이 우리 안으로 스며들어 우리를 붙들고 있는 충분치 못하다는 느낌을 대체할 때까지 되뇌어야 한다. 그래야 실로 자신이 충분하다고 느끼게 되고, 자신이 충분함을 느끼게 되면 사람들의 눈을 자신 있게 바라보게 된다. 다른 사람이 자신보다 더 낫다고 느끼지 않기 때문이다.

힘들이지 않고 자연스럽게 자세를 똑바로 할 수 있고, 몸짓에서도 자신감이 묻어나고, 걸음걸이가 가벼워진다. 말할 때도 너무 크지도 너무 부드럽지도 너무 빠르지도 않게 적당한 목소리를 유지하게 된다. 우리가 하는 말을 다른 사람이 경청할 것이다. 다른 사람의 말에 무조건 동의하기보다는 의견을 자유롭게 개진할 수 있을 것이다. 우리에게서 좋은 에너지가 느껴질 것이고, 사람들이 이를 감지해 우리를 더 좋아하게 되면서 자신감도 더 높아질 것이다. 스스로 점점 더 가치 있다고 느낄수록 주변 사람도 우리의 가치를 더 인식하게 된다.

"나는 충분해"라고 말할 때 마음속에서 반감이 일지 않을 것이다. 지당한 말이기 때문이다. "나는 신이야"나 "나는 슈퍼스타야"라는 것처럼 마음속으로 결코 받아들일 수 없는 말을 하는 것이 아니기 때문이다. 우리는 모두 심적으로 평화로운 사람에게 끌린다. 이제 당신은 더 이상 자신이 아닌 다른 사람인 양 거짓된 삶을 살 필요가 없다. 자신의 있는 모습 그대로 진솔하게 살 수 있다. 진실은 다음과 같다.

우리의 과거는 우리가 아니다.

우리의 은행 잔고는 우리가 아니다.

우리의 신체는 우리가 아니다.

우리의 몸무게는 우리가 아니다.

우리의 나이는 우리가 아니다.

우리의 직업은 우리가 아니다.

우리가 입고 있는 옷과 브랜드는 우리가 아니다.

이런 것들은 단지 껍데기에 불과하다.

겉으로 보이는 모습은 그저 포장일 뿐이다. 우리의 내면이 훨씬 중요하다. 그렇다고 스스로 만족할 만한 외모를 가꾸기 위해 최선을 다하는 노력이 중요하지 않다는 뜻은 아니다. 하지만 아름답고 잘생긴 외모가 우리를 행복하게 하고 자신감을 갖게 한다면, 매력적으로 보이는 사람들 중에는 불행해 자살 충동까지 느끼는 사람은 없어야 한다.

내가 처음 "나는 충분해"라고 말하기 시작했을 때 마음속에서 온갖 종류의 거부감이 일었다. 이런 말이 떠올랐다.

"나는 사실 충분하지 않아. 몸매가 완벽하지 않거든."

"나를 사랑하는 사람이 없는데 어떻게 만족스러울 수 있지?"

"충분한 돈이 없는 나는 만족스럽지 못해."

일단 이런 거부감이 느껴지면, 거부감의 주체가 바로 자신이며 이를 막을 수 있는 사람도 자신임을 깨달아야 한다. 이 문제를 확실히 해결하려면 거부감에 다음과 같은 표현을 덧붙여 바꿔보는 것이 좋다.

"돈이 많지 않을지 몰라도 나는 여전히 충분해."

"배우자가 없어도 나는 충분해."

"내가 충분하다는 사실을 아는 데 완벽한 몸매 따위는 필요 없어."

"나는 충분한데 왜 사랑하는 사람이 없는 거지?"라는 거부감은 다음과 같이 고칠 수 있다.

"거절당할까 봐 두려워서 내가 사람들을 멀리하니 그런 거야. 하지만 내가 스스로 충분하다고 인정하면 다른 사람들도 나를 인정할 거야. 내가 나 자신을 좋아하면 할수록 다른 사람들도 나를 더 좋아할 거야."

"나는 충분하다"고 말하는 초기에 거부감이 드는 것은 자연스러운 현상이다. 그럴 때는 그저 그 거부감을 들여다보고 좀 더 바람직한 것으로 대체하면 된다. 자신을 칭찬하는 말과 진실한 표현으로 계속해서 대체하다 보면 결국 거부의 재료가 소진될 것이고, 우리의 뇌도 "이 말을 이렇게 자주 확신에 차서 되뇌는 걸 보니 사실임이 틀림없군"이라고 결론짓고 우리 말에 동의할 것이다. 뇌의 동의를 얻고 나면 마침내 실질적인 진전이 시작된다.

나에게 주는 선물을 받아들여라

이제 우리는 '나는 충분해'라고 믿는 사람에게서 볼 수 있는 신체적인 표현 능력을 갖추게 되었다. '나는 충분하지 않아'에 수반하는 신체적 표현을 대신해서 말이다. 처음으로 책 집필을 의뢰받았을 때 나는 내가 해낼 수 없을 거라 생각했다. 충분히 훌륭한 책이 나오지 않을까 봐, 또 저자로서 인정받지 못할까 봐, 또는 단지 글을 쓸 수 없을까 봐 너무 두려웠다.

그때 이후로 나는 계속해서 4권의 베스트셀러를 발표했고 전 세계를 돌며 강연도 다니고 있다. 거의 모든 면에서 부족하고 불충분하다고 믿었던, 자신감 없고 자의식 강했던 소녀치고는 그리 나쁘지 않은 성과다. 이제는 그 소녀의 모습을 거의 찾아볼 수 없지만 그녀는 아주 오랫동안 나와 동일 인물이었다. 나처럼 오랫동안 기다리지 마라. 이점만큼은 장담할 수 있다. 만약 내가 말한 방법이 효과가 없었다면 나는 지금도 그 소녀로 살고 있을 것이다. 행복하고 자신감에 찬 현재의 내가 아니고 말이다.

우리는 선물을 거부하지 않는다. 받아들인다. 자신이 충분함을 깨닫게 해주는 선물을 받아들여라. 자신에게 "나는 충분하다"고 말하라. 약속하건대 당신은 더 행복해질 것이고 아주 수월하게 마음의 평화를 찾을 것이다. 내가 겪은 수많은 경이로운 치유를 당신도 경험하게 되길 바란다.

마리사 피어
Marisa Peer

오늘날 여성 연사 중에서 피어만큼 폭넓은 전문성으로 청중의 마음속 깊이까지 도달하는 이는 거의 없다. 심리치료사로 30년 가까이 활동하면서 청중 한 명 한 명과 개별적인 수준에서 교감하는 뛰어난 능력을 보여주었다. 〈태틀러Tatler〉 선정 영국 최고 개업의 250인Britain's 250 Best Practitioners에 이름을 올렸고, 〈멘즈헬스Men's Health〉가 선정한 최고의 영국인Best of British에 여성으로는 유일하게 뽑혔다. 특히 베스트셀러 《나는 오늘도 나를 응원한다Ultimate Confidence》는 한국 교육계에서 핵심 교과과정의 한 요소로 사용되고 있다.

귀 기울이지 않아도 될 조언들

냅시 시걸

타인의 지지와 인정은 창조적인 성과를 이루는 데 커다란 힘이 된다. 하지만 필수적인 것은 아니다. 그러니 때로 우리의 꿈을 추구하는 데 방해가 되거나 열의를 꺾는 말을 하는 사람을 무시할 필요가 있다. 물론 말처럼 쉽지만은 않을 것이다. 우리와 가장 가까운 사람들은 우리가 잘되기를 진심으로 바라는 마음에서 그런 말을 하기 때문이다. 그러나 그들은 우리의 행복과 성공을 염려하는 마음 때문에 오히려 우리에게 최선인 길을 알아보지 못할 수도 있다.

나는 주변의 부정적인 목소리에 귀 기울이지 않음으로써 마음껏 자유로울 수 있었고, 원하는 목표를 이루는 길에서 벗어나지 않을 수 있었다. 내가 이 값진 교훈을 어떻게 터득했으며 그 후 내 인생이 어떻게 달라졌는지 지금부터 그 이야기를 하려고 한다.

나는 시카고대학교에서 인간 발달을 전공하는 대학원생으로 9년을 보냈다. 박사 학위를 취득하는 과정치고는 아주 긴 시간이었고 가족의 걱정도 커져만 갔다. 하지만 나는 행복했다. 나는 푹 빠져 있던 주제인 쌍둥이 사이의 협력과 경쟁에 관한 논문의 연구비를 미국 국립과학재단으로부터 지원받고 있었다.

연구는 시간이 걸리기는 했지만 잘돼가고 있었다. 또 연구결과가 흥미로우므로 박사 학위 취득 후 연구 장학금을 받거나 괜찮은 일자리를 얻을 수 있으리라 확신했다. 게다가 내 연구에 신뢰가 가도록 열정을 담아 이야기할 수 있었다. 연구결과에 대해 이미 청중 앞에서 몇 차례 발표한 적도 있었고 반응은 언제나 긍정적이었다.

하루는 가족 중 한 명이 나에게 박사 과정을 그만두고 유전 상담 석사 과정을 밟는 게 어떻겠냐고 제안했다. 유전 상담은 그때나 지금이나 중요하고 또 전망도 밝은 분야지만, 내가 마음속에 품고 있던 분야는 아니었다. 내가 보기에 유전 상담을 제안한 그 사람은 이 분야에 구체적으로 어떤 일이 수반되는지 잘 모르는 듯했고, 역시 내 생각은 옳았다.

이 일을 계기로 나는 일시적으로 가족과 연락을 끊기로 결심했다. 나는 다른 가족들로부터 더는 재정적인 지원을 받지 않았다. 대학원생은 늘 가난한 존재임에도 말이다. 물론 쉬운 결정은 아니었지만 당시에는 그럴 수밖에 없었다.

나는 연구를 끝마치고 논문을 완성했으며 한 명문대학교에서 박사 학위를 취득한 후 연구직을 제안받았다. 졸업식에는 가족들을 초대하지 않았다. 하지만 나의 초대와는 상관없이 식구들이 졸업식에 와주었고 나는 정말이지 너무나도 기뻤다. 우리는 함께 즐겁게 지냈다. 그때 이후로 우리 가족은 나에게 가장 든든하고 커다란 지원군이 되어주었다. 나의 꿈을 만류하려 했던 적이 없다고 부인하면서!

나는 발달심리학 교수로서 값지고 보람 있는 경력을 쌓아가고 있다. 대학에 쌍둥이 연구센터Twin Studies Center를 설립해 이끌고 있으며 쌍둥이를 주제로 한 책도 4권 집필했다. 내가 한 연구로 상도 몇 개 탔다. 그 옛날 내 꿈을 접으라고 말하던 주변의 목소리들을 잠재우지 못했다면 지금쯤 내 인생은 어떻게 되었을까? 이따금 생각해보면 아찔하기만 하다.

그 경험으로 얻은 교훈을 지금도 잊지 않으려고 애쓴다. 어떤 연구 프로젝트에 대한 나의 포부와 열정을 이해하지 못하는 이들, 내가 다른 것보다 선호하는 행동 방침의 부정적인 면만을 강조하는 이들의 말에 나는 귀 기울이지 않는다. 물론 필요한 경우에는 믿을 수 있는 사람들에게 지도와 조언을 구한다. 하지만 궁극적으로 무엇이 옳은지, 내가 가야 할 방향이 어디인지 판단하는 목소리는 내 안 어딘가에 있다고 믿는다.

낸시 시걸
Nancy Segal

1982년부터 1991년까지 〈함께 태어나 떨어져 성장한 쌍둥이 연구〉로 미네소타대학교에서 박사 학위를 취득한 후 연구원으로 있었다. 현재 캘리포니아주립대학교 풀러턴 캠퍼스CSUF에서 심리학 교수로 재직하며 자신이 1991년 설립한 쌍둥이 연구센터Twin Studies Center의 소장으로 있다. 국제쌍둥이연구학회International Society for Twin Studies에서 수여하는 쌍둥이 연구 평생 공로상인 제임스 쉴즈상James Shields Award for Lifetime Contributions to Twin Research, 멀티플 버스 캐나다Multiple Births Canada에서 수여하는 '변화를 창조한 인물상International Making a Difference Award' 등 국제적인 상을 수상했다.

하이힐은 여자에게 필수품일까?

마리나 르윅카

이상적인 여성미에 순응하려는 노력을 포기한 뒤 내 인생은 훨씬 간편하고 편안해졌다. 나는 소녀 시절부터 줄곧 "아름다움에는 고통이 따른다"는 말을 들으며 자랐다. 무수히 많은 여성 잡지에 프랑스어 문구 "Il faut souffrir pour etre belle(예뻐지려면 고통을 감수해야 한다)"가 끊임없이 등장했다.

19세기 파리 패션이 세계를 주름잡던 시절에는 허리 부분이 잘록한 드레스가 유행해서 그것을 입으려면 끔찍한 코르셋의 허리끈을 죄어줄 하녀가 있어야 했다. 코르셋을 착용하면 달리거나 걷는 데는 물론이고 숨쉬기까지 힘들었다. 실신하거나 굶주리는 여성이 속출했고, 일부는 아예 아래 늑골을 제거하는 위험한 수술을 받기도 했다. 그래도 어쨌든 외양은 실로 아름다워 보였다.

10대 소녀일 때 나는 여성미를 위해 이런 고통을 감내한 사람들에게서 깊은 인상을 받았다. 남성에게 매력적으로 보일 수만 있다면 어떤 일이라도 기꺼이 할 수 있을 것 같았다. 구애를 많이 받을수록 희생한 모든 것이 가치를 더한다고 들었다. 가혹한 다이어트, 먹고 싶은 충동을 억지로 참고 외면한 아이스크림, 지나치게 타이트한 옷과 하이힐, 이 모든 게 다 때가 되면 보상을 받을 터였다.

다행히 유행은 변했다. 과거의 고통스럽지만 아름다웠던 잘록한 허리 드레스에 상응하는 현대적인 패션은 아마 하이힐일 것이다. 하이힐은 다리가 더 날씬하고 길어 보이게 만들며 여성에게 매력적인 실루엣을 선사한다. 그러나 부자연스러운 미의 극치를 따라가기 위해 여성이 자신에게 가하는 지속적인 고문을 상징하기도 한다.

18살 때 내게는 아주 예쁜 오픈토peep toes(발가락 부분이 드러나는 구두-옮긴이) 하이힐이 있었다. 이걸 신다가 고통스러운 무지외반증이 생겼다. 하지만 나는 몇 가지 이유로 외모에 신경 쓰지 않을 수 없었고, 그래서 스스로를 고문하며 그 불편한 구두를 몇 년 동안 계속 신었다.

내가 아름다워지기 위한 고통을 포기한 것은 갑작스러운 결정이 아니었다. 장기간에 걸쳐 서서히 전개된 일이었다. 잘 입고 다니던 청바지가 헐거워졌다. 처음에는 집에서만 그 옷을 입었는데 조금 지나서는 외출할 때도 편안한 옷을 입는 게 낫다는 생각이 들었다. 대개 이런 식이었다. 별일 없는 날에는 편안한 구두와 운동화를 신었고, 맵시 있어 보이고 싶을 때만 하이힐을 신었다. 운동화를 신으면 버스를 잡으려 뛸 때도 넘어질 염려가 없었고, 몇 시간씩 걸어도 발이 아프지 않았으며, 밤새도록 춤을 출 수도 있었다. 이런저런 행사와 활동에 편한 캐주얼슈즈를 신는 경우가 점점 늘어나면서, 나는 어느 날 마지막 남은 하이힐을 쓰레기 수거함에 투하했다.

거리에 나가보면 왜 남성이 여전히 세상을 지배하는지 한 가지 주요한 이유를 알 수 있다. 남자들은 자신의 외모에 그다지 신경 쓸 필요가 없기 때문에 중요한 일에 집중할 수 있다. 하지만 여자들은 여전히 성공하려면 특정한 방식으로 외모를 꾸미거나 옷을 입어야 한다고 생각한다. 이런 순응이 여성의 건강과 행복에 고통스럽고 치명적인 영향을 미치는데도 말이다. 오해하지는 마시길. 하이힐이 멋지지 않다는 의미는 아니다. 다만 여러 가지 해를 끼칠 소지가 다분한 데다 활동까지 제약한다는 말이다.

만일 여성들이 하이힐을 거부하면 디자이너들은 새로운 패션을 창조해낼 것이다. 빅토리아 시대의 잘록한 허리 드레스가 '신여성'들의 허리 없는 드레스에 자리를 내준 것처럼 말이다. 여성이 하이힐을 외면하면 분명 새롭고 특별한 외양의 편안한 신발이 나올 것이다. 신고 달려도 되고 높이 뛰어도 되고 춤을 춰도 되는데 멋까지 갖춘 그런 신발 말이다. 하이힐은 필수품이 아니다. 헐거운 바지나 굽 낮은 구두가 나의 성공에 아무런 영향도 미치지 않는 것을 보고 알았다. 작가에게만 국한되는 것이 아니라고 믿고 싶다.

마리나 르윅카
Marina Lewycka

우크라이나 출신의 작가로 2005년 58살의 나이에 발표한 첫 소설《아빠가 결혼했다A Short History of Tractors in Ukrainian》가 중국어, 일본어, 한국어를 포함해 35개 언어로 번역돼 100만 권 넘게 팔렸다. 이 작품은 2005년 오렌지문학상Orange Prize for Fiction 최종 후보에 올랐고, 맨부커상Man Booker Prize 후보에도 올랐으며, 2005년 사가상 위트 부문Saga Award for Wit과 볼린저 에브리맨 우드하우스상Bollinger Everyman Wodehouse Prize 코믹 픽션 부문에서 수상했다. 2012년에 출간된《살아 있거나 죽은 다양한 애완동물Various Pets Alive and Dead》이 그녀의 최근작이다.

내가 **최연소 사업가**가 된 비결

프레이저 도허티

다른 사람들이 나를 비웃지 않을까 하는 걱정을 버려야 한다. 다행히 나는 잼 만드는 것을 친구들이 비웃지 않을까 신경 쓰지 않을 수 있었다. 내가 어렸을 때는 집에서 빵을 굽거나 요리하는 남자아이가 별로 없었다. 그래서 잼을 만들기 시작했을 때 은근히 걱정이 되었다.

'계집애 같다고 놀림을 당하면 어떡하지? 왕따를 당하면 어떡하지?'

하지만 남들이 나에 대해 어떻게 생각할지 신경 쓰지 않고 그저 내가 좋아하는 일에 몰두하기로 했다. 나는 잼을 만들어 선생님들에게도 팔고 이웃을 돌며 집집마다 팔기도 했다. 사실 나를 비웃는 사람은 아무도 없었다. 내가 좋아하는 일을 열심히 하면서 용돈까지 버는 것을 보고 사람들은 오히려 아주 멋진 녀석이라고 칭찬해주었다. 잼을 만들어 팔면서 나는 두려울 것이 없었다.

남의 시선을 신경 쓰지 않는 것, 남들이 뭐라 하건 아랑곳하지 않고 자기 소신대로 살아가는 것. 이것은 매우 중요하다. 타인의 시선에 노예가 되어 살다가는 자신의 꿈을 좇지 못하는 인생, 자신이 진정 원하는 사람이 되지 못하는 초라한 인생으로 남을지 모른다.

프레이저 도허티
Fraser Doherty

14살에 할머니의 조리 비법을 토대로 슈퍼잼SuperJam을 창업했다. 시장과 식품점에 잼을 팔아본 그는 100% 과일만으로 잼 만드는 방법을 개발하여 이후 브랜드를 만들고 조리법을 보완해 세계 각국 2,000곳이 넘는 대형 슈퍼마켓에 잼을 공급하는 최연소 사업가가 되었다. 슈퍼잼은 '스코틀랜드를 상징하는 브랜드' 중 하나로 스코틀랜드 국립박물관에 전시되어 있다. 북미 대륙 밖에서는 처음으로 '올해의 글로벌 학생 기업가상Global Student Entrepreneur of The Year'을 받았고, 슈퍼잼도 20개가 넘는 상을 받았다. 영국 총리 고든 브라운Gordon Brown은 프레이저의 놀라운 이야기를 듣고 관저로 초대해 저녁 식사를 함께 했다.

제시카 해기

나는 더 **행복**하고, 더 **침착**하며, 더 **뛰어난** 사람이 되었다

나는 늘 다른 사람들이 기대하는 것보다 더 성장하려고 노력한다. 무엇인가를 배울 때마다 우리는 변한다. 육체적으로 우리의 뇌는 새로운 연결고리를 만들고, 정서적으로도 다른 사람이 된다. 책을 읽을 때마다 강의를 수강할 때마다 사람을 만날 때마다 어떤 장소에 갈 때마다 우리는 변한다. 더 많이 배울수록 실제로 더 쉽게 변한다. 사고뿐 아니라 행동도 변한다.

매일 매 순간 학습하는 사람에게는 이 모든 성장이 자연스럽고 편안하게 느껴진다. 부조화를 일으키는 변화는 없다. 아이디어와 경험의 진보만 있을 뿐이다. 그러나 주변에서 우리에게 갖는 기대는 우리의 변화 속도에 부응하지 못한다. 관찰자의 입장에서 보면 우리는 단지 지식을 습득하고 새로운 것을 탐구하는 게 아니다. 그들이 모르는, 통제할 수 없는, 혹은 위협할 수 없는 또 다른 사람이 되어가는 것이다. 학습할 줄 아는 사람을 제어하기란 쉽지 않다. 이것이 바로 밑바닥에 있는 사람들에게 교육이 그렇게도 큰 힘을 발휘하는 이유고, 권력자들이 교육을 그토록 두려워하는 이유다.

늘 해오던 일을 똑같은 방법으로 계속 반복하다 보면 숨이 막히곤 한다. 새로운 일을 하는 방법을 알거나 더 나은 방식으로 일이 이뤄지는 것을 본 적이 있을 때는 더욱 그렇다.

우리는 기존의 역할에 머물도록, 누군가가 정해놓은 속도에 맞춰 성장하도록 강요당한다. 우리가 무엇을 배웠고 무엇을 창조해낼 수 있는지 전혀 모르는 누군가가 정해놓은 속도에 맞추도록 말이다.

고향 너머 저 멀리에서 손짓하며 부르는 기회를 맛본 사람이라면 자신이 성장한 곳에서 계속 머물기 어렵다. 일단 간부의 역할을 경험한 사람은 하급 사원으로 머물기 어렵다. 당신은 더 나은 꿈을 꾸는데 주변의 다른 모두는 현상에 만족하고 있다면 어떤 일이 벌어지겠는가? 모두 당신에게 꿈은 꿈으로 남겨두라고 강요할 것이다.

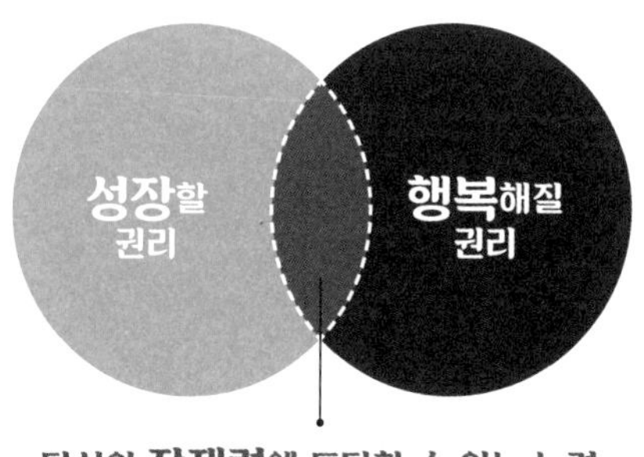

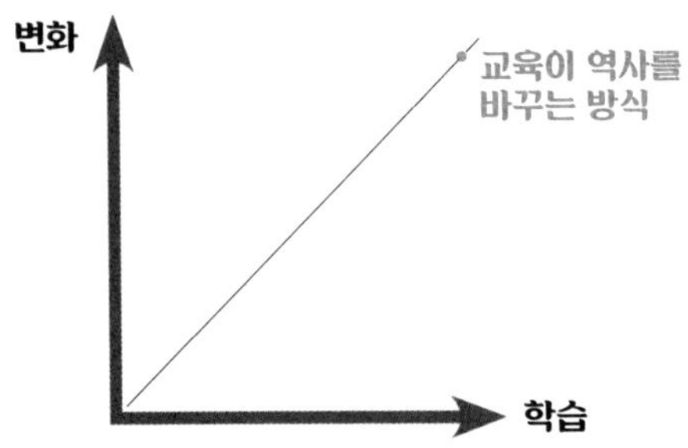

그리고 당신이 원하는 삶과 남들이 당신에게 원하는 삶 사이의 마찰로 당신은 진정 괴로워지기 시작할 것이다. 위화감을 느끼는 동시에 비판받고 있으며 덫에 걸려 있다는 느낌을 받을 것이다. 분하고 화가 나며 좌절감과 더불어 주변의 방해에 시달린다는 느낌까지 들게 될 것이다. 이런 느낌에서 벗어날 수 있는 유일한 길은 자신을 계속 성장시키는 것뿐이다. 끊임없이 배워야 한다. 계속해서 사고를 확장하고 활동범위를 넓혀가야 한다. 주변의 기대를 저버려라. 그로 인해 그들이 화를 내거나 짜증을 낼지라도 말이다. 당신이 처한 상황을 뛰어넘어 성장함으로써 현상에서 벗어나야 한다.

2008년 나는 집을 팔고 내가 살던 고향을 떠났다. 그곳에서 내가 할 수 있는 일은 모두 다 했다고 느꼈기 때문이다. 나는 내 역량이나 내 꿈과 더 이상 어울리지 않는 직업을 과감히 버렸다. 나의 학업에 분개하고 나의 성공을 방해하는 사람과의 결혼생활에도 종지부를 찍었다.

그러자 순식간에 상황이 달라졌다. 나는 더 행복하고, 더 침착하며, 더 온화하고, 더 뛰어난 사람이 되었다. 그동안 쌓은 모든 것을 뒤에 남겨 두고 떠난다는 것은 간단하거나 쉬운 일이 아니었다. 많은 고민과 계획이 필요했다. 하지만 그곳에 남아 있었다면 내 잠재력과 영혼은 죽어 없어졌을 것이다.

성장에 수반되는 고통은 일시적이다. 성장하지 않는 것, 주변의 기대에 부응하려고 자신의 성장을 의도적으로 저해하는 것이야말로 끊임없는 고통을 수반하는 삶이다. "내가 어떤 사람이 될 수 있었을까?"라는 질문을 멈추지 않는 심장의 고통을 계속해서 느끼면서 사는 것이다.

주변의 기대를 넘어 성장할 수 있도록 스스로 허용하라. 더 훌륭한 사람이 되는 길이 열릴 것이다.

제시카 해기
Jessica Hagy

예술가이자 작가이며, 주로 그래프와 차트로 이루어진 시각적 언어를 이용해 이야기와 농담, 진실을 전한다. 베스트셀러 《시각화한 전쟁의 기술The Art of War Visualized》과 《흥미로워지는 방법How to be Interesting》의 저자다.

thisisindexed.com

5

용감하지만 미친,
미쳤지만 용감한

발전한다는 것은, **변화**한다는 것이다

오를리 로벨

내가 14살 때 부모님은 우리 가족이 이스라엘에서 미국으로 이주해 1년 동안 살게 될 거라고 말했다. 나는 다니던 중학교와 우리 동네 이웃들이 너무 좋았고, 친구들과 함께 고등학교에 막 진학하려던 참이어서 부모님의 그런 결정이 몹시 싫었다. 나는 부모님께 말했다. 엄마 아빠가 내 인생을 망치고 있다고. 미국 생활이 분명 마음에 안 들 거고, 학업도 뒤처질 게 뻔하고, 새로운 언어도 힘겨울 거고, 무엇보다도 친한 친구들이 보고 싶어 못 견딜 거라고. 결국 나는 변화가 두려웠던 것이다.

하지만 그런 두려움은 기우에 불과했다. 나는 보스턴에 도착해 몇 주 지나지도 않아 친구들을 제법 사귈 수 있었다. 생애 첫 남자 친구까지 사귀었다! 새로운 환경이 신기하고 재미있었으며 고등학교에서 배우는 많은 멋진 과목들에 매료되었다. 셰익스피어에서부터 프랑스어,

논리학, 아프리카 춤, 장신구 만들기에 이르기까지. 선택하고 싶은 것은 너무 많고 시간은 부족했다. 그곳 환경을 경험해보니 고향 텔아비브에 있는 고등학교는 너무 따분하게 느껴졌다.

1년 뒤 이스라엘로 돌아간 이후의 시간은 걱정했던 것보다 훨씬 괜찮았다. 그사이 놓친 것보다 배운 게 더 많았고, 학업에도 전혀 지장이 없었다. 미국에 다녀온 나의 시야는 활짝 열렸고 이 경험으로 다음 모험이 또 하고 싶어졌다. 미국에 다시 가서 대학원 과정을 밟고 그곳에서 일하고 싶었다.

누구에게나 변화는 어렵다. 그래서 변화에 대해 걱정하고 또 두려워한다. 우리는 이미 가지고 있는 것, 이미 이루고 축적한 것에 신경을 쏟는다. 내가 가르치는 학생들을 보면 흔히들 이미 이룬 성공이나 성취에 의존한다. 좋은 성적을 받아왔고 이런저런 상도 탔으니 앞으로도 별로 노력하지 않아도 그런 성과를 반복해서 얻을 수 있으리라 생각한다. 또 학생들은 우리 대부분이 그렇듯 매몰 비용 오류에 빠지는 경향이 있다. 특정 기량을 키우기 위해 많은 시간과 노력을 투자했다면 중도에 포기해선 안 되고 그 기술을 미래에 꼭 활용해야 한다고 생각한다. 그들이 추구할 수 있는 더 흥미롭고 더 시류에 걸맞은 분야가 있어도 이미 투자한 데만 매달리는 것이다.

교수로서 나는 사람들의 비생산적인 행동 패턴을 이해하고자 행동경제학 실험을 한다. 연구를 하면서 현상 유지 편향을 검토하고 사람들이 리스크와 손실에 대해 어떻게 생각하는지 살펴본다. 우리는 현상 유지를 더 선호하는 경향이 있다. 현상 유지가 변화보다 훨씬 바람직하지 않은 경우에도 그렇다. 이런 현상은 '소유 효과'와 같은 여러 행동 패턴과 관련이 있다. 자신이 어떤 것을 단지 소유했다는 이유만으로 그것에 더 많은 가치를 부여하는 것을 소유 효과라고 한다.

현상 유지 편향에 빠지기 쉬운 우리는 현 상황에서의 손실이나 변화를 피하고 싶어 한다. 변화가 삶에 긍정적인 개선을 가져올 수 있을지도 모르는데 말이다. 부모님이 1년 동안 낯선 나라에서 살아야 한다고 말했을 때 나는 이런 불합리한 심리 패턴을 겪은 것이다. 변화와 미지의 것에 대한 두려움을 떨쳐내기 전까지 나에게는 얻는 것보다 잃는 게 훨씬 커 보였다. 새로운 상황에서의 도전과 경이로움을 스스로 받아들이기 전까지는 그래 보였다.

나는 언어에 몹시 관심이 많다. 그래서 늘 새로운 언어를 배우려고 노력한다. 프랑스어와 스페인어처럼 성공적인 경우도 있고, 아랍어나 일본어처럼 완전히 실패한 경우도 있다. 새로운 언어를 배우는 것은 단순히 언어나 소리, 배우는 과정 자체에 대한 애정 때문만은 아니다. 무언가를 다른 방식으로 말하고 표현할 수 있다는 사실도 내게는 커다란 매력으로 다가온다. 생각이나 발상, 개념, 감정을 완전히 다른 언어로 표현할 수 있는 능력을 갖추게 되면, 오랫동안 지녀온 신념에 의해 특정한 패턴 반복을 고수하는 것이 얼마나 나를 제한하는지 깨닫게 된다. 잘못된 가정(假定)을 깨뜨릴 도구를 갖게 되고, 자기 안에 단단히 자리 잡은 패턴에서 스스로 해방될 수 있다.

여행도 마찬가지로 나에게 깨달음을 주었다. 우리가 무엇보다 떨쳐내야 할 감정이 변화의 또 다른 얼굴인 미지의 것에 대한 두려움임을 가르쳐주었다. 이 세상은 넓고도 넓다. 새로운 문화, 새로운 패턴과 사회 규범, 색다른 역사와 이데올로기를 접하면 마음의 문이 열리고 자신이 품고 있던 편견을 깨우치게 된다. 삶에서 변함없이 유일한 것은 변화 그 자체뿐이다.

변화에 대한 두려움은 실패에 대한 두려움과 끈끈하게 얽혀 있다. 나는 나 자신에게 수시로 일깨운다. 해변이 안 보일 정도로 멀리 헤엄쳐 나갈 용기가 없다면 전에는 보지 못한 새로운 바다를 절대 발견할 수 없다고 말이다. 윈스턴 처칠Winston Churchill은 "발전한다는 것은 변화한다는 것이고, 완벽해진다는 것은 자주 변화한다는 것"이라고 말했다. 이것이야말로 우리 삶을 한층 나아지게 만드는 보석 같은 말이라 하겠다.

좋은 것이라고 해서 거기에만 계속 안주해서는 안 된다. 변화하는 환경 속에서 시도하고, 실패하고, 배우고, 희망하고, 번성해야 한다. 말처럼 쉽지만은 않을 것 같은가? 물론이다. 하지만 계속해서 실천하고 연습하면 쉬워지게 되어 있다. 친구나 신뢰, 직업, 공동체, 사랑하는 사람들처럼 당신이 이미 가진 훌륭한 것들을 포기하라는 얘기가 아니다. 당신에게 가장 소중한, 늘 곁에 있는 것들이 든든히 제자리를 지켜주고 있어야 새로운 변화를 수용하는 것도 가능해진다. 또 당신이 편안하게 느끼는 소중한 일상을 포기하라는 말도 아니다. 일상도 우리에게 변화를 시도할 힘과 자신감을 준다.

내가 권하고 싶은 것은 이것이다. 마음을 활짝 열어젖힌 채 새로운 것을 배우고, 과감하게 시도하고, 새로운 관점으로 생각해보라. 각자의 잠재력을 최대한 실현하겠다는 마음을 품고 자신의 재능을 활용해야 한다. 불가피한 변화에 마음을 여는 것은 물론이요, 변화를 받아들이고 최대한 이용해야 한다는 의미다. 프랑스 출신의 작가 아나이스 닌Anais Nin은 이를 아름답게 표현했다.

> "꽃을 피우는 데 따르는 위험보다 봉오리로 굳게 닫혀 있는 위험이 더 고통스러운 날이 왔다."

당신이 이따금 실패하지 않는다면, 해안이 보이지 않을 때까지 헤엄치지 않았다는 뜻이고 활짝 만개하는 날을 결코 만나지 못할 거라는 뜻이다.

오를리 로벨
Orly Lobel

미국 샌디에이고대학교 법대 교수이자 같은 대학 지적재산권법과 시장센터Center for Intellectual Property Law and Markets 창립 멤버다. 로벨의 학제간 연구는 법학, 경제학, 심리학 관련 주요 학술지에 폭넓게 실렸으며, 《인재 쇼크Talent Wants to Be Free》는 2014년 엑시엄 베스트 비즈니스 북Axiom Best Business Books 금메달, 독립 출판사상Independent Publisher's Award 금메달, 국제 도서상International Book Awards 최우수 경제경영서 부문 등 권위 있는 상을 받았다. 2013년 〈마커 매거진Marker Magazine〉이 선정한 세계에서 가장 명석한 학자 50인 중 한 명으로 뽑혔다.

래리 파웰

빈틈없고 합당하며 **타당한 두려움**을 넘어서

원대한 꿈과 포부가 있다면 이것을 실현하고 달성하는 데 장애가 되는 것을 없애는 것이 무엇보다 중요하다. 내 경험으로 볼 때 성공의 가장 큰 장애물은 실패에 대한 두려움, 특히 실패에 대한 합당한 두려움이다.

실패에 대한 합당한 두려움? 무슨 뜻일까? 실패에 대한 타당하고 논리적이며 증거로 뒷받침되는 두려움을 말한다. 무엇인가 성취하려고 할 때마다, 특히 대단한 무엇인가를 성취하려고 할 때는 과연 성공할 수 있을지 반신반의하는 게 당연하다. 이런 불확실성은 두 종류의 두려움을 낳는다. 비합리적인 두려움과 합당한 두려움이다. 비합리적인 두려움은 일어날 가능성이 없는 일에 대한 예상 또는 별로 타당하지 않은 의심에서 생기는 감정이다. 예를 들어 당신이 연설을 하기 위해 많은 청중 앞에 선다고 가정해보자. 이런 걱정이 앞설 것이다.

'내가 아주 어리석은 말을 하면 어쩌지? 해야 할 말이 갑자기 생각이 나지 않으면 어쩌지? 사람들이 나를 비웃고 나도 스스로 한심하게 느끼면 어쩌지?'

이런 비합리적인 두려움은 걱정거리가 안 된다. 쉽게 극복할 수 있기 때문이다. 사실 당신은 연설의 주제에 대해 잘 알고 있고, 그것에 대해 충분히 이야기할 수 있으며, 전에도 성공적으로 연설해본 적이 있기에 그 자리에 서는 것이다. 지금처럼 많은 청중을 두고는 아닐지라도 말이다. 이런 두려움은 분명 현실에 근거하지 않는다. 당신에게는 이 일을 잘해낼 수 있다는 확실한 증거가 있다. 두려워할 게 하나도 없다고 스스로 안심할 만한 합당한 이유가 있다. 친구와 동료들도 당신이 연설을 성공적으로 해낼 수 있는 타당한 이유를 대며 당신을 격려할 것이다. 비합리적인 두려움은 이렇게 비교적 쉽게 극복할 수 있고, 따라서 당신이 하는 일에 방해가 되지 않는다.

하지만 합당한 두려움은 훨씬 더 은밀하고 치명적이다. 합리적인데다 확실한 증거에 기초하기 때문이다. 여기 내가 살아오면서 경험한 사례가 있다. 나는 대학원 시절 뇌지문 감식Brain Fingerprinting 기술을 발명했다. 뇌지문 감식은 뇌파나 뇌전도EEG를 이용하여 뇌에 숨겨진 정보를 감지해내는 과학 기술이다. 피험자가 모니터의 단어나 그림을 보는 동안 전산화된 시스템으로 뇌파를 측정한다. 단어나 그림 중 일부는 찾고자 하는 정보와 관련이 있다. 용의자가 범행을 부인하는 범죄나 테러 행위의 세부 사항과 같은 정보 말이다.

실제 범죄와 관련해 우리는 범인과 수사관들만이 아는, 아직 대중에 공개되지 않은 세부사항을 사용한다. 살인에 사용한 무기나 테러 조직원들만이 아는 암호 등과 같은 의미 있는 무언가를 피험자가 인식하면 뇌의 정보 처리 과정이 P300-MERMER이라고 알려진 특정 패턴의 뇌파를 생성한다. 뇌지문 감식 시스템은 컴퓨터 스크린에 뜨는 범죄 관련 세부사항에 반응하여 이 패턴이 존재하는지 그 유무를 찾아내는 것이다. 이것으로 피험자가 범죄 관련 정보를 아는지 모르는지 밝힐 수 있다. 판사나 배심원은 이런 사실을 피험자가 범죄나 테러 훈련, 폭탄 제조 등에 참여했는지에 대한 증거로 사용한다.

나는 뇌지문 감식 아이디어를 적절한 신경과학에 기초해 개발하고 시행 방법을 알아냈다. 또한 컴퓨터 프로그램을 작성하고 하드웨어를 갖춘 후 시스템을 테스트하여 이 기술이 정확히 작동한다는 것을 증명했다. 나는 이 시스템을 박사 학위를 밟고 있는 대학원 학과장에게 보여주었다. 그는 내 발명품에 관심을 가졌고 이후의 실험에서 나와 공동 연구를 수행했다.

실패할 게 뻔해 시도해볼 필요조차 없는 일

당시 나는 대학원생이었지만 내 발명품을 세상에 가지고 나가 사람들의 삶에 변화를 안겨주고 싶었다. 그래서 워싱턴 D.C.에 가서 CIA와 계약을 체결하고 뇌지문 감식 연구를 진행하는 게 좋겠다는 생각을 떠올렸다. 그러면 뇌지문 감식을 실제 사건에 적용하며 연구할 수 있을 터였다. 세상을 더 안전한 곳으로 만들고, 범죄자와 테러리스트들을 잡고, 무고한 사람들을 자유롭게 하는 데 도움을 줄 수 있다는 생각에 신이 났다. 나는 대규모 계약을 마음속에 그렸다. 그때는 CIA로부터 100만 달러 정도를 지원받게 될지 몰랐고, CIA뿐만 아니라 FBI, 미 해군과 같은 정부기관이나 군사기관까지 포함된 종합연구 프로그램이 탄생할지도 몰랐다.

나는 이 생각을 친구와 동료 대학원생, 교수, 해당 분야 전문가 등 다양한 사람들에게 털어놓고 상의했다. 거의 모두가 내게 비슷한 조언을 했다. 그때 내가 받은 조언을 말하기 전에 '보조bozo'라는 개념부터 설명해야겠다. 전문적인 용어는 아니지만 꽤 유용한 용어다. 보조라는 말은 수십 년 전 미국 TV 프로그램에 등장해 인기를 끌었던 "광대 보조Bozo the Clown"에서 유래했다. 보조는 우리의 꿈과 포부가 이루어질 수 없거나 적어도 우리에게는 불가능한 일이므로 실패할 게 뻔하니 시도해볼 필요조차 없다고 말하는 사람들을 가리킨다. 보조는 대개 뛰어나고 지적이며 좋은 의도를 지닌 사람들이지만, 성취나 성공에는 치명적인 적이다.

보조에는 두 종류가 있다. 멍청한 보조와 똑똑한 보조다. 멍청한 보조는 그리 문제 될 것이 없다. 그들은 우리가 무엇을 이루려고 하는지 이해하지 못한다. 그들은 우리가 전념하는 분야에 대한 전문적인 지식이 부족하다. 대개 왜 우리가 미리 겁을 먹고 꿈을 접어야 하는지 그 이유를 대지 못하거나 혹은 우스꽝스러운 이유만을 말한다. 그들은 불합리한 두려움을 조성한다. 따라서 그들의 말은 불합리한 두려움만큼이나 쉽게 무시할 수 있다. 우리는 우리가 하고자 하는 일에 대해 멍청한 보조보다 더 많이 알고 있고 이를 충분히 입증할 수 있으므로 그들의 주장을 쉽게 반박하거나 무시할 수 있다.

하지만 똑똑한 보조는 우리의 성공에 훨씬 더 은밀하게 부정적 영향을 미치는 위험한 존재다. 다시 말하지만 그들은 대부분 우리가 잘되기를 진심으로 바라는 좋은 사람들일 것이다. 그들은 전혀 악의가 없을지 몰라도 그들이 하는 행동을 그대로 방치하다가는 우리의 성공에 큰 해가 될 수 있다. 똑똑한 보조들은 합당한 두려움을 제기한다. 그들은 그에 대한 견고하고 합리적인 근거까지 들이민다. 사리에 맞게 지력을 펼친다. 그들은 대개 우리가 전념하는 분야에 대해 많이 알고 있고, 때로는 우리보다 훨씬 더 경험이 풍부하기도 하다.

워싱턴 D.C.에 가서 CIA와 100만 달러 계약을 따내 뇌지문 감식 연구를 진행하겠다는 내 계획을 말하자 내 인생의 똑똑한 보조들은 이렇게 말했다.

“래리, 너는 박사 학위가 없잖아. 실험실도 없고 뇌전도 장비도 없고. 심지어 컴퓨터도 없잖아(때는 1991년으로 컴퓨터가 그리 흔하지 않은 시절이었다). 특허도 없고 조직도 직원도 없어. 너를 후원하는 회사나 대학, 어떤 기관이 있는 것도 아니고. 너 같은 상황에 처한 사람이 계약을 따내는 경우는 없어. CIA든 그 어떤 미 정부기관에서든 100만 달러 계약은 고사하고 만 달러 계약도 따낼 수 없다고. 그런 계약을 따내려는 경쟁자들 중에는 세계적인 거대 기업들이 즐비해. 그런 기업들은 네가 하려는 일과 밀접하게 관련된 일로 이미 CIA와 수백만 달러 계약을 체결해 성공적으로 수행한 경험이 있다고. 또 이 분야에 종사하는 세계 최고 수준의 대학 교수들도 경쟁자에 속하지. 일류 대학에서 모든 자원적인 뒷받침을 받고 있는 그들도 이미 관련된 일로 CIA와 계약을 성공적으로 완수한 경험이 있다고. 넌 그런 경쟁에서 이길 수가 없어. 네 경력에 전혀 도움이 안 되는 무리수야. 분명 네 교수님들과 회복이 불가능할 정도로 소원해질 거고 박사 과정을 계속할 수도 없게 될 거야. 결코 학위를 받을 수 없게 될 거란 얘기지. 경력상의 자살 행위나 다름없어. 지금까지 대학원에서 잘해왔잖아. 몇 년 더 참으면서 박사 학위를 받은 다음에 네 꿈을 펼쳐도 돼."

어느 모로 보나 틀린 데가 하나 없는 말이었다. 똑똑한 보조들의 주장은 빈틈없고 합리적이며 타당했다. 그들은 훌륭하고 실증적인 증거를 댔다. 그들은 내가 합당한 두려움을 느껴야 하는 근거를 제공했다. 내가 아주 순탄하게 밟고 있던 박사 과정에서 벗어나 누구도 달성한 적이 없는 불가능한 임무에 착수할 경우 실패할 거라는 두려움은 불합리하거나 무분별한 게 전혀 아니었다. 진정 합당한 두려움을 느껴야 할 충분한 이유가 있었다.

당신의 직관을 믿어라

이제 여기에 내가 생각하는 위대한 업적의 성공 비결을 소개한다. 만약 당신에게 진정으로 깊은 영감을 주는 비전이 있다면, 정말로 열정을 쏟고자 하는 일이 있다면, 그 영감과 열정은 당신의 날카로운 직관에 근거한다. 당신이 열망하는 것이 진실되고 가능성이 있고 해낼 수 있다는 직관 말이다.

모든 합리적인 의심과 두려움은 삶의 좀 더 피상적인 수준에서 비롯된다. 직관은 삶의 더 깊고 진실된 수준에서 비롯된다. 이성적이고 과학적인 증거에 기반을 두고 경력을 쌓은 과학자가 이런 말을 한다는 것이 이상할 수도 있다. 하지만 이 진리를 깨달은 사람이 내가 처음은 아니다. 이성과 지성에서 전혀 모자람이 없었던 아인슈타인도 다음과 같이 말했다.

> "직관은 신성한 재능이고 이성은 충실한 하인이다. 우리는 하인을 떠받들며 재능은 잊어버리는 사회를 만들었다."

천부적인 과학자라면 자연의 작용 원리를 직관을 통해 깨닫고 그 후 지적 능력을 부차적인 도구로 사용한다. 즉 자연의 원리를 설명하고 그것을 테스트하는 실험을 설계하고 정량화하고 과학적으로 입증할 수 있는 현상으로 확립하고, 그 지식과 해석을 다른 사람들에게 전파하기 위한 부차적인 도구로 지력을 사용하는 것이다.

마음 깊은 곳에서 나는 내 발명품으로 나중이 아닌 지금 현실 세계를 변화시키려 나서는 것이 옳은 일임을 알고 있었다. 내가 해낼 수 있다는 것을 직관적으로 알았다. 방법은 알지 못했지만 내가 시도하고 계속 추구하기만 하면 자연스럽게 이루어질 것임을 그냥 직관적으로 알았다. 나는 워싱턴 D.C.에 가서 CIA 관계자들과 이야기하며 이렇게 말했다.

"당신들은 그동안 뇌 속에 숨겨진 정보를 알아내는 시스템을 개발하려고 수백만 달러를 써왔습니다. 아무도 성공하지 못했지만 제가 그런 시스템을 개발했습니다. 뇌지문 감식이라고 제가 발명한 겁니다. 이 기술이 효과가 있음을 제가 직접 증명했습니다. 이 기술의 작동법과 실세계에 적용하는 법을 저만큼 잘 아는 사람이 없습니다. 제게 연구비를 지원해주십시오. 100만 달러의 자금이면 제 개인 실험실을 마련하고 필수적인 장비를 갖추고 필요한 인력을 고용하여 훈련시켜 뇌지문 감식 시스템을 한층 더 발전시키고 적용하고 테스트하는 연구를 진행할 수 있습니다."

이 상황을 아는 거의 모든 사람들에게 놀랍고도 충격적이게도 CIA는 내 말을 받아들였다. 나는 FBI에서 일하는 친구이자 동료인 저명한 법의학자 겸 테러 전문가 드루 리처드슨Drew Richardson 박사와 연락을 취했고, FBI도 내가 FBI 실험실에서 뇌지문 감식 연구에 대한 추가적인 연구를 수행하는 데 동의했다.

나는 미 해군에 있는 친구 겸 동료와도 접촉했고 해군 역시 연구에 협력하기로 했다. 이어서 미 육군 연구실에 있는 똑똑한 보조 중 한 명이었던 또 다른 친구 겸 동료에게도 연락했다. CIA의 지원을 받게 된 것을 안 친구는 미 육군을 설득해 내가 프로젝트를 개시할 수 있게 컴퓨터를 제공하도록 조처했다. 내 인생의 첫 컴퓨터였다.

연구는 성공적이었다. CIA, 해군과 수행한 세 차례 연구와 FBI와 진행한 한 차례 연구에서 실험실 연구뿐 아니라 실세계에 적용한 연구를 포함하여 뇌지문 감식은 모든 사례마다 정확한 답을 제시했다. 2~3년 뒤 나는 2~3달의 시간을 할애해 대학원으로 돌아가 박사 과정을 마쳤다. 당연히 뇌지문 감식 연구를 박사 논문의 주제로 삼았다. 나는 뇌지문 감식 기술의 특허를 냈고 이 기술을 전 세계에 보급하기 위해 회사를 설립했다.

최초의 CIA 계약에서 시작된 모든 연구와 이어진 후속 연구 프로그램, 이후 뇌지문 감식 기술이 해결한 모든 실제 범죄사건, 이 기술이 구한 생명들, 법의 심판을 받게 한 범죄자들, 자유의 몸이 된 무고한 사람들, 이 모든 것이 나의 최초 결심에서 비롯된 것이다. 내 합당한 두려움을 제쳐놓고, 보조들이 하는 말을 듣지 않고, 나 자신의 직관과 영감을 믿고, 내가 옳다고 생각하는 일에 뛰어들어야 한다는 처음의 결심에서 비롯된 것이다.

삶이 도약하는 순간들

나는 뇌지문 감식이 처음으로 법원에서 증거로 채택되었을 때도 이와 유사한 상황을 접했다. 테리 해링턴Terry Harrington은 살인죄로 23년째 종신형을 살고 있었다. 그는 언제나 자신이 무죄라고 주장했다. 나는 해링턴을 대상으로 뇌지문 감식 검사를 수행했고, 검사 결과 그의 뇌 속에 저장된 기록은 범죄 현장이 아니라 그의 알리바이와 일치했다. 해링턴은 새로운 재판을 청구했고 나는 다가올 재판에서 증언할 기회를 얻었다.

이 사건 이전에 나는 뇌지문 감식 검사를 실시해 연쇄 살인범 J. B. 그라인더J. B. Grinder가 법의 심판을 받게 한 적이 있었다. 그의 뇌 속에 줄리 헬튼Julie Helton을 살해한 기록이 저장되어 있음이 검사로 증명된 것이었다. 유죄가 확정될 것 같고 사형 선고를 받을 가능성이 농후해지자 그라인더는 유죄를 인정하고 3명의 다른 젊은 여성을 살해한 사실까지 자백했다. 유죄 인정의 대가로 그라인더는 사형을 면하고 종신형을 선고받았다. 테스트를 조직하고 실시하는 일이 힘들기는 했지만, 그라인더 사건은 법적인 견지에서 볼 때 간단한 케이스였다. 내가 뇌지문 감식 결과를 들이대자 그가 순순히 자백했기 때문이다.

해링턴 사건은 이에 비해 훨씬 더 위험성이 컸다. 내가 두려움을 느낄 만한 타당한 이유가 많았다. 해링턴은 앞선 다섯 차례의 재판과 항소에서 모두 패소했다. 한 증인은 해링턴이 범죄를 저지르는 것을 목격했다고 증언했다. 재판은 아이오와 주 포타와타미 카운티에서 열렸는데, 이 지역은 어떤 이유로든 유죄 판결을 뒤엎는 일이 극히 이례적이기로 유명했다. 내가 대면해야 할 검사는 영리하고 강인하며 무자비하다는 평판을 얻고 있었다. 나에 맞서 증언할 상대편의 전문가 증인은

이 분야 최고의 과학자 중 한 명으로 내 박사 학위 논문의 지도교수이자 뇌지문 감식에 관한 주요 과학 논문의 공동 저자였다.

만약 법정에서 과학적인 증거로 뇌지문 감식을 받아들이게 하는 데 실패하면 향후의 모든 사건에 대한 선례가 될 수 있었다. 내 평판에 금이 갈 것이고 내 발명품이 세계적으로 널리 퍼져 받아들여질 기회가 심하게 훼손될 터였다. 이성적으로 볼 때 내가 이 사건에 계속 매달렸다가는 패소하고 곤경에 빠질 가능성이 아주 크다고 모두가 생각했다. 그 이유가 분명해 보였다. 합당한 두려움이 거의 나를 압도했다. 사건을 포기함으로써 실패의 가능성을 회피하는 게 낫지 않을까 심각하게 고민했다.

그때 나는 나 자신에게 핵심 질문을 던져보았다.

"뇌지문 감식은 실제로 효과가 있고 진정 과학적이며 정확하고 신뢰할 수 있는가?"

"그렇다"가 정답임을 나는 알고 있었다.

"뇌지문 감식은 이 사건에서 결백한 사람을 자유롭게 할 과학적인 증거를 제공하는가?"

마찬가지로 "그렇다"가 정답이었다.

그렇다면 어떻게 하는 것이 올바른가? 두려워서 도망치는 것인가 아니면 도전을 받아들이고 결과가 어찌 되든 최선을 다하는 것인가?

대답은 분명했다. 나에게는 무죄인 사람의 인생에 실제로 변화를 안겨줄 수 있는 기회였고 정의가 승리하고 과학 수사가 크게 진일보하는 데 기여할 수 있는 기회였다. 반면 실패에 대한 합리적인 가능성을 계산해 합당한 두려움에 지배될 수도 있었다.

나는 사건을 맡았다. 사건의 유일한 증인으로 추정되는 사람을 찾아 나섰다. 해링턴이 저지르는 범죄를 목격했다는 그의 증언이 해링턴의 유죄 평결에 결정적이었다. 그는 23년 동안 자신의 증언을 고수했다. 내가 해링턴의 무죄를 밝혀주는 뇌지문 감식 증거를 들이밀자 그는 자신의 증언을 철회하고 원심에서 거짓말을 했다고 자백했다. 만약 다른 누군가를 범죄와 연루시키지 않으면 그를 살해 혐의로 구속하겠다고 검사가 말했기 때문에 거짓 증언을 했다는 것이다. 다른 누군가에게 불리한 증언을 하면 그가 저지른 몇 가지 혐의도 벗게 해주겠다고 검찰 측에서 회유했다는 말도 덧붙였다.

나는 심리에 출석하기로 동의했고 재판에서 증언했다. 오랫동안 증인석에 앉아 있어야 했다. 반대 심문은 예상했던 대로 공격적이고 가혹했다. 우리 쪽 변호사들인 매리 케네디Mary Kennedy, 톰 프레이리히Tom Freirichs, 톰 매케이그Tom Makeig도 맡은 바 직무를 훌륭하게 수행했다. 이 분야 최고의 권위자인 빌 아이아코노Bill Iacono도 또 다른 과학자로서 나와 해링턴의 편에서 설득력 있게 증언해주었다.

뇌지문 감식을 뒷받침하기 위해 우리가 준비한 과학적인 증거는 매우 강력했다. 상대편 전문가 증인은 선서를 한 상태였고 과학에 대한 이해도가 높았기 때문에 반대 심문을 받을 때 뇌지문 감식을 뒷받침하는 과학의 우수성을 시인할 수밖에 없었다. 판사 역시 뇌지문 감식이 과학적인 증거로 수용할 수 있는 법적 기준에 확실히 부합한다고 결론 내리지 않을 수 없었다. 또한 내 앞에서 기존의 증언을 철회했던 증인은 심리에서도 자신의 과오를 인정했다.

진실이 우리를 자유롭게 한다는 말이 있다. 결국 진실이 해링턴을 자유롭게 했다. 뇌지문 감식은 법정에서 과학적인 증거로 인정되었고 해링턴은 결국 처음 재판에서의 인권 침해에 근거하여 풀려났다. 이후 전 세계의 많은 사람들이 이 사건의 성공과 뇌지문 감식의 법정 증거 인정 판례 덕분에 큰 혜택을 보았다. 내가 두려워할 합당한 이유가 되었던 끔찍한 일들 중 어떤 것도 실제로 일어나지 않았다. 내가 만약 합당한 두려움에 굴하여 사건에 관여하지 않았다면 나 자신과 해링턴을 포함해 많은 사람에게 훨씬 더 유익하지 못한 결과가 나왔을 것이다.

이런 경험을 통해 나는 인생에서 배제해야 하는 한 가지는 바로 실패에 대한 합당한 두려움이라고 확신한다. 이 깨달음은 나와 내가 간절히 돕고자 하는 사람들, 내 과학적인 발견과 발명이 실세계에 적용됨으로써 잠재적 혜택을 입은 모든 이들에게 엄청난 변화를 가져왔다. 나는 실패에 대한 합당한 두려움을 떨쳐내는 것이 삶에 도약을 안겨줄 수 있다고 믿는다.

만약 위대한 무언가를 성취해야겠다는 날카로운 직감과 깊은 영감이 느껴진다면, 그 직감과 영감은 당신을 포함한 그 누구나 떠올릴 수 있는 모든 이성적이고 부정적인 주장보다 더 참된 현실을 반영한다는 사실을 잊지 마라. 당신에게 꿈이 있다면, 아주 감동적인 꿈이 있다면 그 꿈을 좇아라. 당신의 직관을 믿어라. 당신의 영감을 믿어라. 당신의 열정을 믿어라. 꿈을 추구하는 행동을 취하라. 나머지는 자연스럽게 풀려나갈 것이다.

보조, 특히 똑똑한 보조들이 당신의 사기를 꺾게 하지 마라. 이성적인 의구심과 두려움으로 스스로 멈춤을 택하지 마라. 그것이 아무리 합당하다 할지라도. 당신에게 진정으로 깊은 영감을 주는 일을 추구하라. 성공이 찾아올 것이고 당신이 접촉하고 고무한 모든 사람의 삶에 헤아릴 수 없을 만큼 큰 혜택이 돌아갈 것이다.

래리 파웰
Dr. Larry Farwell

과학자이자 발명가, 기업가이다. 뇌지문 감식을 발명했으며, 세계 최초로 뇌파 기반 뇌-컴퓨터 인터페이스를 개발했다. 브레인핑거프린팅래버러터리 사Brain Fingerprinting Laboratories, Inc의 설립자이자 회장 겸 수석 과학자다. 하버드대학교에서 학사 학위를 받고 일리노이주립대학교에서 박사 학위를 받았다. 초고정밀 뇌파 측정을 이용하는 뇌지문 감식 기술을 통해 과학적으로 범죄자와 테러리스트들을 식별하고 결백한 사람은 혐의를 벗도록 돕고 있다. 〈타임〉지는 "넥스트 웨이브, 21세기 피카소나 아인슈타인이 될 수 있는 100인의 최고 혁신가" 중 한 명으로 파웰을 선정했다.

날마다 하나씩, **모험**적인 일을!

데이비드 싱클레어

날마다 뭔가 모험적인 일을 시도하라.

삶에서 '두려움'이라는 세 글자를 지워버려야 한다. 대담한 태도와 배짱을 가져야 한다. 남들이 어떻게 생각할까 하는 두려움, 실패에 대한 두려움, 시간을 낭비하면 어쩌나 하는 두려움, 변화에 대한 두려움을 버려라. "매일 모험적인 일을 적어도 한 번 이상 시도한다"를 생활의 모토로 삼아라. 물론 실패로 돌아가거나 아무런 성과를 얻지 못할 때도 많을 것이다. 그래도 포기하지 마라. 때로 남들 눈에 바보짓처럼 보이더라도 소신 있게 밀고 나간다면, 당신이 상상하지 못했던 멋진 기회를 만나게 될 것이다. 내가 바로 그랬다.

1974년에 나는 오스트레일리아 시드니의 교외에서 어린 시절을 보내는 평범한 5살 꼬마였다. 그런데 어느 날, 우리 집에서 키우고 있던 고양이 '미트즈'가 언젠가는 죽을 거라는 사실을 깨닫게 되었다. 그 순간이 지금도 생생하게 기억난다. 미트즈가 언젠가는 하늘나라로 떠난다는 생각이 밤마다 머릿속을 떠나지 않았다. 그 생각만 하면 슬퍼서 견딜 수가 없어 자꾸만 울었다. 일주일쯤 지나자 훨씬 더 슬픈 생각이 머릿속을 점령하기 시작했다.

'미트즈뿐만이 아니야. 우리 할머니랑 할아버지도 언젠간 돌아가시겠지? 부모님도, 그리고 나도 언젠가는?'

나는 부모님을 통해 이것이 피할 수 없는 사실이라는 점을 확인하고는 내 주변의 모든 사람이 늙고 병들어 언젠가는 죽음을 맞이한다는 사실을 남들보다 퍽 이른 나이에 인식했다. 그들을 영영 보지 못하게 되는 날이 온다는 사실을 말이다. 모든 생명체는 죽을 수밖에 없다는 사실을 누구나 자라면서 어느 시점엔가는 알게 된다. 하지만 사람들은 자기방어적인 심리가 작동하여 그 사실을 잊고, 또는 외면하고 살아간다. 그런데 웬일인지 나는 그냥 잊어버릴 수가 없었다. 아마도 5살 소년이던 그 무렵이었던 것 같다. 막연하게나마 마음속으로 나중에 커서 사람의 생로병사를 연구하는 사람이 되고 싶다고 결심한 것은.

나의 꿈은 시작되었다

세월이 흘러 성인이 된 나는 대학에서 분자생물학이라는 분야를 공부했다. 인간이 늙어가는 이유를 알고 싶은 내 궁금증을 속 시원히 해결해줄 것 같아서였다. 그 나이 때 으레 그렇듯 친구들은 세상을 바꾸는 일보다는 포커 게임에 훨씬 더 관심이 많았다. 하지만 내 관심사는 전혀 달랐다. 나는 친구들한테도 우리가 인류 역사상 평범한 수명까지만 사는 마지막 세대가 될지도 모른다고, 우리의 후세들은 어쩌면 수백 살까지 살지도 모른다고 말하곤 했다.

대학에서 나는 박테리아나 효모 같은 단순한 생물체의 유전적 구성을 변화시키는 방법을 공부했다. 그리고 효모 세포가 글리신 같은 아미노산을 활용하는 데 필요한 유전자들을 연구하여 박사 학위를 받았다. 이 연구는 두 가지 측면에서 내게 매우 중요했다. 첫째, 유전학의 기초 원리와 이론을 배울 수 있었다. 둘째, GCV 유전자가 부족한 사람들을 치료하는 방법에 대한 가능성을 엿볼 수 있었다. GCV 유전자가 없는 사람은 단풍당뇨증Maple Syrup Urine Disease이라는 병에 걸리는데, 소변에서 단풍 당밀 냄새가 나기 때문에 그런 이름이 붙은 것이다.

나는 인간 노화에 관해 높은 수준의 연구가 이루어지고 있는 미국에 가서 꼭 공부해보고 싶다는 꿈을 품고 있었다. 그래서 1995년 일자리를 구해야 할 시점이 되었을 때 미국 MIT의 레너드 과렌테Leonard Guarente 교수에게 편지를 보냈다. 과렌테 교수와는 1년 전 시드니에서 열린 어느 만찬 자리에서 만난 적이 있던 터였다. 그때 그는 자신의 연구소에서 효모균 세포의 수명을 크게 늘릴 수 있는 유전자를 찾는 연구를 시작했다고 했다.

보통 효모균은 일주일밖에 못 산다. 만일 효모균의 노화를 통제하는 유전자를 발견한다면 인간에게서도 그와 유사한 유전자를 찾을 수 있을지 모르고, 그러면 인간 수명 연장의 길이 열릴 수도 있다. 1990년대 중반 이후는 인간 게놈이 본격적으로 해독되기 시작한 시기로, 연일 새로운 유전자 연구결과가 발표되고 있다. 인간 수명을 통제하는 유전자가 곧 발견되지 말란 법도 없었다. 나는 과렌테 교수의 연구소에 꼭 들어가야겠다고 마음먹었다. 친구들 대부분은 터무니없는 생각이라며 나를 만류했다. 그들은 말했다.

"노화 현상은 너무 복잡한 주제야."

"효모균은 심장병 따위에 걸리지 않잖아!"

"인간 수명을 엄청나게 늘릴 수는 없어."

"그런 연구 주제는 후세에 양보하는 게 옳아."

시드니에서 박사 과정을 밟을 때 나를 지도했던 교수님이 친절하게도 과렌테 교수에게 나를 추천하는 이메일을 보내주었다. 꼭 과렌테 교수 밑에서 노화를 연구하고 싶어 하는 의욕 넘치는 과학도가 있다고 말이다. 과렌테 교수는 즉시 답장을 보내왔다. 나한테 봉급을 줄 만한 재정적 여유가 없으니 경제적인 부분은 내가 알아서 해결해야 한다는 내용이었다.

나는 집안 형편이 그리 풍족하지 못했으므로 가족에게 의지하지 않고 혼자 힘으로 돈을 마련해야 했다. 그래서 학술 연구를 지원해주는 여러 자선단체에 도움을 요청해보았다. 심지어 미국에 있는 자선단체인 헬렌 헤이 휘트니 재단Helen-Hay Whitney Foundation에도 편지를 보냈다. 하지만 긍정적 답변을 얻을 수가 없었다. 알고 보니 그런 자선단체들은 연구원 면접을 보러 오는 사람한테까지 자금을 지원해줄 여력이 없었던 것이다. 특히나 오스트레일리아처럼 먼 곳에 있는 사람한테는 말이다. 아마도 대부분 사람들은 이쯤에서 포기했으리라.

하지만 나는 그럴 수가 없었다. 나는 비행기 티켓 값은 내가 기꺼이 부담하겠노라고 재단에 다시 편지를 보냈다. 재단 측에서도 동의했고, 나는 하버드대학교로 가서 유전학 분야의 유명한 권위자인 더그 멜턴Doug Melton 교수 앞에서 면접을 보았다. 그 자리에서 나는 유전학과 노화 연구에 관한 나의 포부를 설명했고, 결국 연구원 자격을 얻어 미국에 머물며 노화에 관여하는 유전자를 찾는 연구에 참여할 수 있게 되었다.

이후 1999년까지 MIT에서 내가 보낸 몇 년은 참으로 특별한 시간이었다. 과렌테 교수가 이끄는 연구팀은 2~3주마다 혁신적인 연구 결과를 내놓았다. 과학자라면 평생에 한 번 이뤄낼까 말까 한 종류의 발견들이었다.

과렌테 교수팀이 거둔 가장 중요한 성과 가운데 하나는 SIR2라는 유전자가 효모균의 수명을 통제한다는 사실을 발견한 일이었다. SIR2 유전자가 많이 발현될수록 효모균의 수명이 연장되었다(최대 30%까지 증가한다). 더욱 흥미로운 것은 인간에게도 SIR2에 해당하는 유전자가 있다는 사실이었다. 인간의 장수 유전자를 발견해낸 셈이다.

더 멀고 높은 곳으로

1999년 그동안 발표한 여러 연구결과가 과학계에서 중요하게 인정받아 하버드대학교에서 내 이름을 건 연구소를 운영할 수 있게 되었다. 나는 젊은 과학도들로 구성된 연구팀을 꾸렸다.

이후 그들과 함께 인간의 SIR2 유전자가 신체의 건강 유지에 매우 중요한 역할을 하고, 레드와인에 들어 있는 레스베라트롤resveratrol이라는 물질이 SIR2 유전자 경로를 활성화한다는 사실을 발견했다. 레스베라트롤을 효모균에 주입했더니 수명이 30% 연장되었다. 초파리와 벌레에도 같은 실험을 했고 그것들 역시 30% 수명이 늘어났다. 이탈리아에서는 한 연구팀이 물고기에 레스베라트롤을 주입했더니 50%나 수명이 늘어나는 결과를 얻었다. 우리는 드디어 인간 수명의 비밀을 밝힐 열쇠를 찾아냈다는 흥분을 감출 수 없었다.

다음으로 중요한 단계는 쥐들에게 레스베라트롤을 시험해 쥐의 수명이 늘어나는지 또는 적어도 더 건강해지는지 확인해보는 것이었다. 그런데 문제는 이 실험에 엄청나게 큰 비용이 든다는 점이었다. 나에게는 그만한 돈이 없었고, 단순 유기체에 대한 연구 성과밖에 없던 터라 정부 지원금을 얻을 수 있는 가능성도 작았다. 나는 긴 기간이 걸리고 리스크도 있지만 분명 의미 있는 결과를 얻을 수 있는 이 실험을 꼭 진행하고 싶었다. 하지만 연구 자금 부족 때문에 발목이 붙잡히고 말았다.

그러던 2005년의 어느 날, 연구실에서 막 퇴근하려고 할 때 전화벨이 울렸다. 수화기 저편의 나이 지긋한 신사는 자신을 하먼 래스노Harmon Rasnow라고 소개하고는 내 연구에 대해 이것저것 묻기 시작했다. 아마 다른 과학자들 같으면 귀찮아서 대충 바쁘다는 핑계를 대고 전화를 끊었을지 모르지만, 나는 인내심을 갖고 통화를 이어갔다. 그렇게 10분쯤 대화를 나눴을까? 노신사는 내게 아내를 데리고 캘리포니아에 있는 자신의 집에 놀러 오지 않겠느냐고 초대했다. 편안한 분위기에서 노화 연구에 대해 더 얘기를 나누고 싶다는 것이었다. 나는 좋다고 주저 없이 대답했다. 그다음 주말에 미국 서쪽 끝에 있는 캘리포니아까지 날아가 그의 집에서 묵기로 했다. 아내는 가지 말자고 반대했다. 생면부지의 낯선 사람 집에서 묵는 게 말이 되느냐는 것이었다. 그러면서 "그 사람이 살인마이기라도 하면 어쩌려고 그래?"하고 덧붙였다. 나는 걱정 말라고 아내를 안심시켰다. 충분히 모험해볼 만한 일이었고, 결국 나는 아내를 설득해 함께 캘리포니아로 향했다.

그 여행이 내 인생의 중요한 전환점이 될 줄 누가 알았겠는가. 우리를 맞이한 래스노 씨는 소개해줄 사람이 있다고 했다. 그는 해변에 있는 별장으로 나를 데려가더니 폴 글렌Paul Glenn이라는 자선가를 소개해주었다. 함께 점심을 먹으면서 나는 내가 연구하고 있는 주제에 대해 들려주었고, 쥐 실험에 커다란 비용이 필요한데 자금 확보에 어려움을 겪고 있다는 얘기도 털어놓았다. 그리고 이어진 상황은 지금 생각해도 믿기지 않는 행운이었다. 글렌 씨가 하버드대학교에 연구센터를 설립하는 데 500만 달러를 쾌척하겠다고 약속한 것이다! 나에게 연구센터를 이끄는 책임자가 되어달라고 했다. 평범한 과학자라면 10년에 한 번 만나보기도 힘든 거금이었다. 그때 나는 겨우 30대 중반이었다.

그날의 만남과 글렌 씨의 자금 후원을 계기로 나는 연구 기반을 한층 확고히 다질 수 있었고, 하버드대학교의 종신 교수로 임명되었다. 현재 미국 전역에는 8곳의 글렌 노화 연구센터Glenn Aging Research Center가 설립되어 있으며, 그동안 우리는 10억 달러 이상의 가치를 가진 기업도 여러 개 설립했다. 현재 인간의 노화를 지연시키는 약물에 대한 임상실험이 진행 중이며 향후 몇 년 내에 시장에 선보일 수 있으리라 기대한다.

지금껏 인생을 살면서 내가 절실하게 느낀 교훈은 바로 두려움을 버리고 모험을 감수해야 한다는 것이다. 가끔이 아니라 날마다 그렇게 해야 한다. 두려운 누군가에게 용기를 내어 전화를 걸거나 이메일을 보내보라. 피하고 싶은 사람에게 말을 걸어라. 두려워서 선뜻 받아들이기 힘든 기회가 앞에 있다면 주저 말고 붙잡아라. 그것은 결국엔 당신이 상상했던 것보다 훨씬 더 멀고 높은 곳에 도착하는 첫걸음이 될 것이다.

데이비드
싱클레어
David Sinclair

하버드대학교 의과대학의 유전학 교수이며 뉴사우스웨일스대학의 생리학 및 약리학 겸임 교수다. 노화의 생물학적 메커니즘을 연구하는 폴 글렌 연구소Paul F. Glenn Laboratories for the Biological Mechanisms of Aging의 공동 소장이며 엘리슨 의학재단Ellison Medical Foundation의 선임 학자다. 2014년 오스트레일리아 의학연구협회Australian Society for Medical Research, ASMR로부터 메달을 받은 것을 비롯해 지금까지 26개의 상을 수상했다. 2014년에는 〈타임〉지가 선정하는 "세계에서 가장 영향력 있는 인물 100인" 중 한 명으로 뽑혔다.

분투하라, 굴하지 말고

하워드 모스코위츠

때는 1968년 9월, 몇몇 실험실에서 시작된 맛 테스트의 세계가 식품업계에서 서서히 부상하던 시기였다. 맛 테스트에 대해 들어본 적이 없는 사람을 위해 잠깐 설명하자면, 사람들에게 음식을 맛보게 한 뒤 맛, 냄새, 질감 등 각 특징별로 점수를 매기게 하는 어느 정도 과학적인 실험 분야다.

전문가만이 음식의 특징을 제대로 평가할 수 있으므로 소비자에게는 음식에 대한 선호도만 등급으로 표시하게 해야 한다는 것이 당시의 통념이었다. 나는 이 통념을 받아들이지 않았다. 그때 나는 젊고 순진해서 내가 규칙을 어기고 있다는 것조차 알지 못했다. 모범 관행을 무시하고 있었으니 내가 어찌 알 수 있었겠는가?

당시 나는 어떤 인물이었을까? 간단히 말해 박사 과정 4년 차에 막 들어선 24세의 대학원생이었다. 나는 스키너 상자Skinner Box로 유명해지는 B. F. 스키너B. F. Skinner, 훗날 《벨 커브Bell Curve》라는 책을 발표하는 R. J. 딕 헌스타인Dick Herrnstein, 역시 훗날 마법의 수 7±2Magic Number 7, plus or minus two를 발표하는 조지 밀러George Miller, 정신물리학 분야에서 명망이 높았던 지도교수 S. S. 스티븐스S. S. Stevens와 함께 연구하는 영광을 누렸다. 무엇보다도 나는 박사 논문을 마무리해 막 제출한 참이었다. 1968년 10월 24일 목요일 오후 2시 15분. 이런 중요한 순간은 잊지 못하는 법이다.

다시 원래 하던 이야기로 돌아가 보자. 하버드에서 박사 학위를 받기 4개월 전인 후덥지근한 늦여름이었다. 학위를 받은 뒤에는 내 인생의 첫 직장인 나틱 연구소Natick Laboratories에 출근하게 된다. 하지만 9월에 케임브리지에 있는 아서 D. 리틀 사Arthur D. Little Company, ADL에 입사지원서를 냈고, 그때 처음으로 모범 관행이라는 사소하고 추한 개념을 접하게 되었다. ADL은 나에게 딱 맞는 직장으로 보였다. 과학 자문과 음식 및 맛 전문가들이 일했고, 케임브리지에서 2번 도로를 타고 에일와이프 브룩파크웨이까지만 가면 되는 가까운 거리에 있었으니 말이다. 어찌 이보다 더 좋을 수 있을까? 케임브리지, 하버드, 그리고 아서 D. 리틀 사까지. 정말 경력을 쌓기 위한 탄탄대로가 열리는 것 같았다.

나는 ADL에 대해 잘 알고 있기에 지원서를 냈다. ADL은 식품업계에서 중요한 위치를 차지하고 있는 회사였다. 독점적 등록상표 체계인 플레이버 프로필Flavor Profile®을 홍보하고 판매하며 거의 독보적인 무엇으로 만들고 있었다. 음식의 품질을 분석하는 중심에는 언제부턴가 늘 플레이버 프로필이 자리했다. 과학을 실제로 적용할 수 있는 얼마나 좋은 기회란 말인가.

당시 ADL에서 열심히 일하던 간부급 직원 로렌 셰스트룀Loren Sjostrom과 앤 닐슨Anne Nielsen이 나를 점심에 초대했다. 나에게는 음식값이 좀 부담스러운 ADL 근처에 있는 레스토랑이었다. 8달러에 달하는 내 점심값은 그들이 계산했다. 나는 다양한 제품을 테스트해 제품들의 감각적인 속성이 어떤 식으로 소비자들의 호감을 불러일으키는지 연구하려는 나의 비전, 그리고 정신물리학 지식을 바탕으로 새로운 과학의 기초를 세우고자 하는 나의 열망을 이야기했다. 로렌은 "아주 흥미롭지만 ADL과는 맞지 않는다"고 답했다. 그들은 내 이력서를 서류 정리함에 보관해놓겠다고 했다.

이때 나는 처음으로 이해가 되지 않는 현상 유지 성향을 접했다. 2~3일 뒤 곰곰이 생각해본 나는 그들이 말한 서류 정리함이 휴지통이었음을 깨달았다. 나는 다른 길을 찾아야 했다.

ADL 대신 나는 서쪽으로 27km가량 떨어진 미 국방성 나틱 연구소에서 일하게 되었다. 엄격한 곳이었지만 그게 전부는 아니었다. 그곳은 내가 과학자로서 규칙을 어길 수 있는 곳이었다. 하지만 거기에 만족해야 했다. 나틱은 안정적인 곳이었고, 알고 보니 지나치게 안정적인 곳이었다. 나는 성장을 원했다. 《율리시스Ulysses》에서 알프레드 로드 테니슨Alfred Lord Tennyson이 노래한 것처럼.

분투하라, 추구하라, 찾으라
그러나 굴하지 마라

정부에 고용된 과학자도 규칙을 어기는 것은 가능하다. 과학자들이 규칙을 어기는 것은 어느 정도는 예상되는 일이고, 과학자들은 실제로 규칙을 따를 때조차도 규칙을 어기는 것으로 '인식'되기 마련이다. 하지만 사업을 하면서, 특히 사회적으로 받아들여지는 해결책을 제공해야 하는 컨설팅 분야에서 규칙을 깬다는 것은 거의 불가능하다.

임원급 고객은 위험을 무릅쓰려 하지 않는다. 그들은 일자리를 유지하길 원하며, 지나치게 앞서가는 사람을 고용해 평판이 훼손되지나 않을까 두려워한다. 모종의 기업 프로젝트가 실패한 것으로 인식되면 그것을 진행한 임원이 책임을 져야 한다. 그런 리스크를 감수하는 것은 업계의 금기나 마찬가지다. 입으로는 "리스크 감수"와 "사업상의 모험" 등을 떠들지만 실상은 다르다.

다시 말하지만 임원급 고객은 보수적이다. 그래서 세상의 많은 전문가들이 아무리 혁신과 모험을 칭송해도 대부분 기업은 끝내 보수적인 방향으로 작업을 의뢰하고 만다.

언제 새로운 시도를 해야 할까

이런 사실을 어느 정도 염두에 둔 채 1975년 나는 상업 소비자 연구조사의 세계로 뛰어드는 모험을 감행했다. 당시까지는 물론 내 머릿속에서 인습적인 접근방식을 선호하는 성향을 완전히 떨쳐낸 것은 아니었지만, 그때나 지금이나 인습적인 접근방식으로는 신제품 설계에서 효과를 볼 수 없다는 판단에는 변함이 없다. 나는 나틱 연구소 근무 시간을 제외한 개인 시간을 활용해 펌코 바이오케믹스Fermco Biochemics 등과 같은 고객사의 프로젝트에 참여했다. 펌코 바이오케믹스는 나에게 새로운 고효능 감미료 아스파탐®Aspartame®을 포함하는 감미료 혼합물에 대한 테스트를 의뢰했다. 사실 당시로서는 기업에서도 1~2명의 선견지명이 있는 사람들만 관심을 두고 드물게 추진하는 연구 프로젝트였다. 펌코 바이오케믹스의 경우 캐슬린 울프Kathleen Wolfe가 그런 인물이었다.

안정적인 직업을 보유하며 부업으로 컨설턴트 역할을 수행하는 것과 생계를 걸고 컨설팅에 나서는 것은 완전히 다르다. 전자는 특유의 전문가적 오만을 고취한다. 고객이 제공하는 돈은 가외 수입일 뿐이기 때문이다. 규칙을 어길 수 있다는, 또 어겨야 한다는 무모함에 빠져들고 결국 이렇게 생각하게 된다.

'고객이 내 의견을 원한다면 인습을 타파하는 것이어야 해. 내가 자랑스럽게 여길 수 있는 의견이어야 하지. 내가 전문가임을 보여주고 남의 지배를 받지 않는 사람임을 말해 주는 의견이어야 해.'

하지만 후자의 경우는 어떠한가? 인습 타파주의가 등장하는 순간 가장 대담하고 가장 지적으로 솔직한 이들을 제외한 대부분 사람들은 두려워 숨어버리고 말 것이다. 생계가 걸려 있는 경우 전혀 다른 이야기가 된다. 그래도 여전히 생계를 이어갈 수 있다고 자신하며 밀어붙이는 사람이 몇이나 될까? 종종 그러하듯, 대담하고 지적인 인습 타파주의자조차도 모범 관행이라는 인습적 사고로 되돌아가는 게 실상이다. 고귀하게 굶주리기보다는 원칙 없이 배를 채우는 게 더 나은 현실을 누군들 쉽게 외면할 수 있겠는가?

1975년 무렵 이 분야의 연구조사 전문가들은 통계에 익숙해졌고, 기업들은 지식 습득을 공식화하는 업무 프로세스를 개발했으며, 시장조사 부서는 연구 전반을 외부에 위탁하는 것을 관례화하기 시작했다. 테스트 설계에서부터 데이터 수집과 분석, 그리고 최종적으로 경영진에게 보고하는 과정까지 모두 말이다. 보통 외주 프로젝트는 기업에 통찰력을 더하는 능력을 보여주는 전문가에게 맡기곤 했지만, 사실을 말하자면 많은 일감이 친분이 있는 사람들에게 갔고 고객과 점심을 먹거나 고객과 어울리거나 이전에 작업을 함께했던 사람들에게 돌아갔다. 비즈니스의 통상적인 생태계가 존재했고, 제대로 일할 줄 아는 외주 업체와 지속해서 일하는 고객은 운이 좋은 셈이었다.

그런 가운데 이제 많은 제품을 테스트하고 제품을 계통적 서술과 연계시키는 모델을 구축하여 그것을 토대로 제품 설계와 제품 마케팅을 추진하자는 나의 아이디어가 이따금 이나마 마케팅 연구원들에게 환영받기 시작했다. 물론 여전히 소규모 테스트를 실시한 후 제품을 묘사하는 감각 연구원들에게는 철저히 거부당했다. 그들은 근본적으로 세간의 이목을 피하며 테스트에만 매달리는 사람들이었다.

결국 이 분야에서 사업을 시작한다는 것은 가장 쉽게 얻을 수 있는 일, 즉 마케팅 연구원들이 때때로 외부에 위탁하는 프로젝트를 따내는 것을 의미했다. 그 시절 나는 소위 모범 관행이라는 것을 따르지 않는 게 얼마나 중요한지 확실히 배웠다. 앞서 언급한 감각 전문가들이 통제된 제품 평가를 위한 대규모 실험실(이른바 맛 테스트 실험실을 말하는 것으로 나는 이런 행태를 거대 건축 지향주의라고 조소한다)을 경쟁하듯 크게 짓느라 바쁘고 고객사 경영진에게 최저가 서비스를 제공할 수 있다고 선전하느라 바쁜 동안, 나와 함께 일한 마케팅 연구원들은 기존 제품을 최적화하고 새로운 기회를 발견하고 회사를 위해 수익을 올리느라 바빴다.

인습 타파의 결과는 역사가 말해준다. 1975년을 시작으로 내가 다른 방향을 향해 나아갔음은, 혹은 다른 방향으로 나아갈 수밖에 없었음은 이제 너무도 명백하다. 나는 과학적인 지식을 마케팅 연구에 도입했고, 고객들에게 일반적인 사람들도 많은 제품을 테스트할 수 있다는 사실과 제품 개발을 추진하기 위해 수개월 간의 경험을 쌓은 전문가가 꼭 필요한 것은 아니라는 사실을 받아들이게 만들었다. 우리는 단지 잘 구성하고 잘 통솔하며 실험을 진행하면 됐고, 고객은 그런 방식을 받아들이고 비용을 지불했다.

하버드와 나틱 연구소에서 시작된 인습 타파 작업은 성공을 거두었다. 이런 노력의 결과로 나온 제품들이 이미 30~40년 전부터 소비자의 입맛을 충족시켰다. 펩시콜라의 슬라이스Slice, 캠벨Campbell의 다양한 스프 제품과 프레고 파스타소스, 피자헛Pizza Hut의 각종 피자 등이 여기에 포함된다. 이들 제품과 그 역사는 유명한 저서와 강연에 매번 전설적인 사례로 등장한다. 말콤 글래드웰Malcolm Gladwell이 2004년 TED 강연회에서 진행한 "선택, 행복 그리고 스파게티 소스"라는 제목의 강연과 마이클 모스Michael Moss가 근작 베스트셀러 《당, 지방 그리고 소금: 거대 식품 회사는 어떻게 우리를 중독시켰나》에서 밝힌 바닐라 닥터 페퍼에 관한 논의 등이 여기에 속한다.

그럼 이 이야기에서 배워야 할 핵심은 무엇인가? 더불어 내가 배운 삶의 교훈은 무엇인가? 요약하면 이것이다. 새로운 시도를 두려워하지 마라. 매우 진부한 말이다. 기업 코칭 업계 전반에서 기본적으로 쓰는 흔한 말이다. 하지만 현실은 이 말과 많이 다르다. 경계를 부수는 흥분에 대해서, 그리고 통념에 귀 기울일 필요가 없다는 것에 대해 이야기하기란 그리 어려운 일이 아니다. 새로운 것을 시도하고 밀어붙일 것으로 어느 정도 기대되는 젊은 학생들에게는 특히 그렇다. 이런 상황이라면 앞서 말한 문구가 진정한 삶의 교훈이 될 수 없다.

이 문구가 진정한 교훈이 되려면, 편안하고 형편이 좋으며 괜히 평지풍파를 일으킬 필요 없이 모범 관행을 따라가는 길이 훨씬 쉬워 보일 때 새로운 시도를 해야 한다. 오직 그럴 때만이, 모두가 한 길을 가는 것처럼 보이는데 자신은 마음속으로 다른 길로 가는 것이 최선이라는 확고한 믿음이 생길 때만이 지금까지 내가 한 말을 제대로 이해하게 된다.

하워드 모스코위츠
Howard Moskowitz

1981년에 설립된 모스코위츠 제이컵 사Moskowitz Jacobs Inc.의 회장이다. 인지와 물리적인 자극의 관계를 연구하는 정신물리학 분야의 실험 심리학자이며 세계적인 시장 조사 기술의 창시자다. 1969년 하버드대학교에서 실험 심리학 박사 학위를 받았고, 1972년 맛과 냄새만을 전문적으로 다루는 최초의 잡지 〈케미컬센스Chemical Senses〉를 창간했다. 2010년 월스터 처브 혁신상Walster Chubb Award for innovation을 수상했다.

두려움을 인정하되, 그것에 반응하지 않는 법

타냐 라이맨

어려서부터 가난하게 자란 나는 산다는 게 쉽지 않은 일임을 일찌감치 깨달았다. 내가 겪은 가난은 한 달에 한 번밖에 외식을 못 하는 정도의 가난이 아니었다. 기차역 근처에 차를 세워두고 그 안에서 살았던 적이 있을 정도의 가난을 말한다. 우리는 이사를 굉장히 자주 다녔다. 17살이 될 때까지 27번이나 이사를 해서 친구를 사귀기도 힘들었다.

한 번은 집에서 왕복 150km나 되는 거리에 있는 초등학교에 다닌 적이 있다. 그 학교는 부자 동네에 있어서 나만 빼고 모두가 똑같은 외모에 똑같은 옷을 입고 있는 것처럼 보였다. 우리 집은 가난했기 때문에 내가 입은 옷은 대개 두세 번씩 물려 입은 헌 옷이었다. 옷 스타일도 동네 다른 아이들과는 확실히 달랐다. 나는 왕따를 당했고, 잘 맞지도 않는 옷을 입고 있어서 툭하면 놀림거리가 되었다.

"타냐, 걷어 올린 바지 이제 내려도 돼. 비 그쳤거든?"

"너 그 옷 어디서 났니? 의류 수거함에서 주웠니?"

이런 소리를 들어야 했다. 이 경험이 내 자존감에 안 좋은 영향을 끼쳤음은 말할 것도 없다. 나는 갈수록 내성적이 되었고 혼자 지내는 시간이 많았다. 엄마는 사랑만 있으면 돈은 중요한 게 아니라고 항상 말씀하셨다. 크리스마스에는 구세군에서 주는 선물을 받아야 했다. 한 번은 산타할아버지가 중고 롤러스케이트를 가져다준 적이 있다. 이미 낡은 롤러스케이트였지만 그날만큼 기뻤던 적이 없다. 사랑이 담긴 선물이라는 것을 알았기 때문이다.

11살 때 의붓아버지가 일자리를 잃었고 엄마는 생계를 위해 일주일에 6일을 웨이트리스로 일해야 했다. 우리 가족은 간신히 입에 풀칠만 하며 살아갔다. 그러던 중 엄마까지 일자리를 잃었다. 그날이 지금도 기억에 생생하다. 엄마는 호주머니는 텅텅 비었지만 커다란 감자 포대를 든 채 미소를 머금고 집에 들어왔다. 더 내려갈 바닥도 없는 최악의 상황이었지만 엄마는 최선을 다했다.

그때를 떠올리면 지금도 웃음이 절로 난다. 감자로 얼마나 많은 요리를 할 수 있는지 그때가 아니었다면 결코 알 수 없었을 것이다. 최소 2주 동안 우리는 감자만 먹었다. 으깬 감자, 다진 감자, 구운 감자, 두 번 구운 감자, 튀긴 감자, 감자 그라탱, 속을 채운 감자, 굵게 썰어 익힌 감자……. 그야말로 상상할 수 있는 모든 요리법으로 감자를 먹었다.

가난 속에서 성장하면 그것이 인생의 다음 단계에도 영향을 미치는 경향이 있다. 가난한 집 아이들은 부모의 삶을 반복하게 되는 경우가 많다. 그것이 자라면서 접하고 알게 된 삶의 모습 전부이기 때문이다. 불행히도 때론 그런 삶만이 자신에게 어울린다고 믿는다. 엄마와 나는 그 힘든 시절을 견뎌냈지만 의붓아버지는 삶의 무게를 감당하지 못하고 헤로인을 과다 복용했다. 성장기에 이런 삶을 살아오면서 내 '파충류의 뇌'는 무엇보다 중요한 것은 사랑이므로 가난쯤은 괜찮다는 신념을 형성했다.

설명이 좀 필요할 듯싶다. 인간의 뇌는 신피질, 변연계, 파충류의 뇌, 이렇게 세 부분으로 이루어져 있다. 도마뱀의 뇌라고도 불리는 파충류의 뇌는 가장 원초적인 부위인 동시에 중요한 역할을 한다. 우리는 신피질을 통해 의식적인 사고를 통제할 수 있지만, 파충류의 뇌는 우리를 통제하기 때문이다. 파충류의 뇌가 하는 일은 생존과 직결된다. 즉 우리가 위험으로 인지되는 외부 자극을 멀리하고, 안전하거나 기분 좋다고 느껴지는 것 또는 과거에 그렇게 느꼈던 것을 향해 움직이게 하는 것이다. 하지만 때로는 기분 좋다고 느끼는 것에 해당하는 행위가 과음이나 흡연이 되기도 한다. 우리는 파충류의 뇌가 즉각적인 만족감에만 집중하느라 장기적인 위험을 인식하지 못한다는 것을 알 수 있다.

그렇다면 나는 어떻게 이런 자기 파괴적인 행동을 멀리할 수 있었을까? 우선 나에게 정말 중요한 것이 무엇인지, 내가 두려워할 만한 것이 무엇인지 생각해보았다. 예컨대 물질적으로 풍족하면 사랑을 잃을

지도 모른다는 것이 나는 두려웠다. 물론 이건 내 파충류의 뇌가 반응하는 것이므로, 두려움을 인정하고 두려움에 자동적으로 반응하지 않는 법을 배워 내 생각을 재구성해야 했다.

이 말을 실생활에 적용해보면 이렇다. 나는 '오늘 할 일 목록'에 있는 일을 외면하고 엉뚱한 곳에 주의를 쏟는 나 자신을 발견할 때마다 즉시 하던 일을 멈추고 그 일의 중요성을 따져보았다. 예를 들어 한창 업무에 열중해야 할 시간에 갑자기 바닥 청소를 하고 싶은 아주 강한 충동을 느끼곤 했다. 이것도 일이긴 하지만 업무와 관련된 일은 아니다. 그러면 생각해본다. 이것이 내 목표를 완수하는 데 도움이 되는 일인가, 아니면 다른 일을 미루기 위한 핑계일 뿐인가?

나는 내 '할 일 목록'을 매일 비서에게 준다. 다른 사람을 의식해서라도 내 책임을 다하기 위해서다. 이렇게 하자 날마다 해내는 일의 양이 부쩍 증가했다. 또 내 문제의 근본 원인을 찾아내고 그것을 뭔가 배울 기회로 재구성함으로써 나의 신념을 바람직한 방향으로 변화시켰다.

매일 운동을 할 때 음악을 듣는 대신 집중과 긍정을 위해 최면 녹음을 듣곤 했다. 그리고 구체적이고 장기적인 마감일을 정해놓은 다음, 목표한 것을 얼마나 달성했는지 꾸준히 기록했다. 물론 항상 마감일을 맞추는 것은 아니지만, 며칠 초과한 것은 실패가 아니라 약간의 지연일 뿐이다.

또 내가 중요하게 생각하는 목표는 일기에 기록하기 시작했다. 일기를 쓰면서 특정 상황에서 생길 수 있는 최악의 시나리오를 '검토'해 본다. 이렇게 하면 설사 목표 달성에 실패하더라도 내가 목표로 기대하는 수준에 도달하는 방법을 계속 배우고 개선할 수 있었다. 내 신념을 변화시킨다는 것은 많은 감정이 동반되는 여정이었지만, 그동안 흘린 눈물과 모든 좌절감을 상쇄할 만큼 가치가 있었다. 이 여정으로 자존감을 높인 것은 물론이고 자신에게 투자하려고만 한다면 지금의 자기 모습을 얼마든지 바꿀 수 있다는 확신도 얻었다.

누구나 인생에는 오르막과 내리막이 있다. 그런 시간이 우리의 모습을 만들어간다. 지금도 나는 가끔 내 잠재력을 과소평가하는 행동을 하고 있음을 깨닫곤 한다. 다행히 이제는 이런 조짐을 훨씬 빨리 알아차리고 주도권을 잡는다. 하던 일을 멈추고 심호흡을 한 뒤 잠시 생각해보고 재빨리 조치를 취한다.

우리는 인간이기 때문에 실수를 한다. 또 성찰 없이 자동적으로 반응하고, 나머지 세상이 어떻게 돌아가는지 살펴보지 않는다. 진정 변화하려는 마음과 의지가 있는 사람에게는 날마다 새로운 기회가 찾아온다. 이것을 잊지 않는 것이 성공을 향한 첫걸음이다. 때로는 약간의 도움이 필요할 것이다. 당연히 그럴 수 있다. 중요한 것은 눈을 크게 뜨고 지금의 자신에서 벗어나 오늘의 기회를 잡는 것이다.

타냐 라이맨
Tonya Reiman

비언어 의사소통 전문가이며 매스컴을 통해 알려진 유명인사다. 기조 연설자이며 컨설턴트이고 기업 임원과 직원들을 교육한다. 저서로 《왜 그녀는 다리를 꼬았을까The Power of Body Language》, 《몸짓의 심리학The YES Factor》, 《몸짓의 연애 심리학The Body Language of Dating》이 있다.

6 ·

보이지 않는 것을 보는 법

노가 아리카

Less is More

나는 예술적인 열정에 둘러싸여 자랐다. 아버지는 화가, 어머니는 시인이었고 우리 가족은 창조적인 에너지와 이상이 가득한, 많은 면에서 자족적이고 바깥세상과 동떨어진 환경에서 살았다. 우리 가정은 풍족했고 그런 집안 환경에서 물려받은 풍요로움은 지금도 내게 큰 힘이 되고 있다. 하지만 한편으론 이 특별한 공간에서 벗어나 진, 선, 미라는 이상에 따라 돌아가지 않는 세상으로 들어가는 것이 힘들었다.

젊은 시절 나는 내 정체성과 나의 위치, 가치관을 찾고자 무던히 노력했다. 내적 동인 외에 외부적인 그 어떤 것이 나를 규정하는 게 싫었다. 그래서 내 열정만 향한다면 어떤 일이든 의욕적으로 할 수 있을 것 같았고 내가 원하는 어떤 사람이든 될 수 있을 것 같았다. 나 자신을 제한하고 싶지 않았다.

내 경우는 꽤 독특하다고 할 수 있는 게 사실이다. 하지만 시간이 흐르면서 내가 얻게 된 교훈은 오늘날 많은 젊은이들이 직면한 어려움을 헤쳐나가는 데 도움이 되리라 생각한다. 그 교훈은 바로 이것이다.

"모든 것을 잘하려고 하지 마라."

원하는 직업은 무엇이든 가질 수 있다는 환상을 버려야 한다. 자신이 원할 때 원하는 것을 가질 수 있는 능력에 따라 개인의 행복이 평가되는 오늘날 사회에서는 그런 환상이 마치 자유와 자아 성취의 상징인 양 여겨지곤 한다. 오늘날 우리는 원하는 성공을 이루려면 활동을 다면화해야 한다. 도태되지 않기 위해서 말이다.

치열한 취업 시장에서 경쟁하려면 이력서도 다양한 재능과 관심사로 가득 차 있어야 한다. 멀티태스킹도 일반적인 현상이 되었다. 모두가 멀티태스킹을 한다. 사회가 요구하기 때문이다. 과학 기술의 발달로 멀티태스킹이 가능해졌고 또 이를 조장하고 있다. 게다가 중독성까지 있다. 한 가지 일만 우직하게 하는 것보다는 여러 가지를 섭렵하는 것이 더 멋지고 매력 있어 보인다.

여러모로 볼 때 다양한 일을 잘하는 것은 좋은 일이다. 외곬으로 한 가지만 파면 창의적 사고가 멀어질 수 있고, 무변화의 단조로움은 열정을 질식시킬 수도 있다. 하지만 아버지는 언제나 나에게 말했다.

"무엇을 하든 일단 하면 똑소리 나게 해야 한다."

우리는 어떤 일을 할 때 거기에 집중해야 한다. 일은 그 강도가 해당 업무나 목표의 어려움과 비례한다는 점에서 놀이와 다르다. 힘든 일일수록 그것을 하는 사람은 자신이 일하고 있음을 더 강하게 느낀다. 또 일을 제대로 수행해내기 위해서는 거기에 전적으로 몰두해야 한다.

나는 한 분야의 전문가가 되고 싶다는 생각을 하지 않았다. 직업이 내 삶과 나 자신을 정의한다는 발상이 싫었다. 그런 점에서 우리 부모님과 비슷했다. 부모님은 일반적인 직업이 없었지만 운 좋게 예술적인 열정만으로도 물질적인 면에서 생활이 가능했다. 내가 어렸을 때는 그것이 다소 이례적이라는 사실을 잘 깨닫지 못했다. 하지만 학교에서는 내가 예외적인 사람이라는 느낌을 분명히 받았다.

나는 파리에서 성장기를 보냈다. 프랑스에서는 직업적 진로에 대한 고정관념이 있었고 이는 지금도 마찬가지다. 다시 말해 일찌감치 한 가지 진로를 선택해 해당 직업에 대한 자격을 갖추기 위해 관련 학교에서 공부하고 자격증을 따는 것이 일반적이다. 개인의 요구가 아닌 제도적인 요구에 기초하여 계획하고 산정하며 평가하는 것이다. 세계 여러 곳에서 직업이 더욱 유동적이 되고 명시적인 성격도 약화되는 추세인데 프랑스는 이런 면에서 뒤처져 있는 상태다. 직업 문화의 경직성이 프랑스가 겪고 있는 경제적인 어려움을 어느 정도 설명해준다.

내가 자란 나라의 이런 문제에서 벗어나고 싶었던 나는 학교를 마치자마자 도망치듯 런던으로 떠났다. 그곳은 당시 내가 알고 있던 파리보다 훨씬 자유로워 보였다. 런던에서 이후의 모든 공부를 했다. 나는 한 길을 갔다. 사상사(思想史)를 공부해 박사 학위까지 땄다. 나의 연구 주제는 17세기 말 프랑스와 영국에서 분석되고 논의된 정신과 신체의 관계였다. 이것은 단순히 직업적인 동기에 의한 선택이 아니었다. 내가 반드시 파고들어 밝혀내고 싶은 문제를 탐구해보고자 하는 욕구에서 한 선택이었다.

나는 내 이성적 정신에 예술적 창조의 에너지를 덧입혔다. 전통적인 학문의 길을 따르지 않았다. 사실 직업이라는 개념을 계속해서 멀리했다. 뉴욕으로 옮겨 첫 책을 쓰고 결혼한 뒤 남편과 함께 두 번째 책을 썼다. 첫 아이도 출산했다. 그러고 나서 고국을 떠난 지 22년 만에 가족과 함께 파리로 돌아갔다. 둘째 아이도 태어났고 일자리도 얻었다. 영어를 쓰는 조직이었지만 프랑스식 관료주의가 팽배했다. 성장하면서 너무도 생경하게 느꼈던 그것을 다시 만난 셈이었다. 그래도 나만의 원칙을 지켜나갔고 나의 지적 이상을 잃지 않으려고 애썼다.

확실히 요즘 사회는 사람들에게 융통성 있고 적응력 높은 역량을 요구한다. 하지만 우리는 한 분야에만 힘을 쏟아 집중하는 능력과 창의적으로 적응하는 능력 사이에서 균형을 잡을 필요가 있다. 너무 경직되어 있다고 느끼는 표준과 일반적 통념을 따르길 거부한 것은 잘한 일이었다고 생각하지만, 자신이 뛰어나게 잘할 수 있는 일을 찾을 필요도 있다.

어떤 이들은 다방면에서 재능을 뽐낸다. 수학의 귀재, 음악가, 등

산가, 강사, 교사, 요리사, 목수, 이 모든 역할을 해낼 수 있는 사람도 있다. 하지만 이는 몹시 예외적인 경우에 속한다. 우리 대부분은 한 가지 영역에서 열심히 노력해서 자아를 실현해야 한다. 이 때문에 삶의 중심에서 모종의 긴장 내지는 갈등과 마주하게 된다. 현대사회의 요구에 따라 한꺼번에 여러 가지 일을 해야 하면서도 한편으로는 한 분야에서 전문적인 능력을 개발해야 하기 때문이다. 두 가지 상반된 방향의 힘이 우리를 끌어당기고 있는 셈이다.

선택이 우리를 자유롭게 하리라

젊은 시절 나는 뭔가를 이룰 수 있는 가능성에 한계가 없으며 내 인생이 시간의 제한을 받지 않는다는 생각을 저버릴 수가 없었다. 하나의 문을 연다는 것은 나머지 다른 문들을 열 기회를 영영 포기한다는 뜻이 아닐까 두려웠다. 아마 오만함 때문이었겠지만 나는 나 자신을 어떤 식으로든 얽매는 것도, 한 가지 일에 제한된 사람이 되는 것도 싫었다. 나는 자유로워지고 싶었다. 그래서 모든 일을 잘하고 싶었다.

그때 종종 나는 사탕 가게에 들어선 아이가 된 기분이었다. 갖가지 예쁜 모양과 화려한 색깔에 매혹되어 모든 사탕을 다 먹고 싶지만 그걸 다 넣기엔 너무 작은 봉지를 손에 쥐고 있는 아이가 된 기분. 이 경우 선택해야 한다. 각각의 종류를 한 가지씩 담든지 아니면 한 종류를 잔뜩 담든지. 대부분은 이 결정을 힘들어한다. 광범위함을 선택할 것이냐 깊이를 선택할 것이냐. 이 선택의 어려움으로 좌절하고 혼란스러워하기 쉽다. 그렇지만 성숙한 성인이 된다는 것은 곧 어떤 문들은 닫힌 채 남아 있어야 함을 받아들이는 것이다. 닫힌 문들을 열려는 계획은 영원히 이뤄지지 않는다는 것을 말이다.

우리는 선택하고 집중하고 한계를 받아들여야 한다. 선택이 우리를 자유롭게 하며, 선택하지 않으면 성취감을 느낄 기회도 없이 언제까지고 배회하게 된다. 사랑도 마찬가지다. 자신과 운명을 함께할 한 사람을 선택한다는 것은 다른 사람과 함께할 기회를 차단한다는 의미다. 하지만 바로 그것이 핵심이다. 행복은 무한한 다양성에 있지 않다. 행복은 나에게만 특별한 그 한 사람과의 사랑을 깊디깊게 가꿔가는 데 있다. 거기에는 노력이 필요하다.

일도 비슷하다. 자신이 하는 일을 단순한 직업이 아니라 불꽃 같은 창의성의 날을 벼려내는 무엇으로 변모시키기 위해서는 어마어마한 노력이 필요하다. 어떤 직업에서든 말이다.

대부분은 이런 노력을 기울이지 않는다. 단순히 어떤 일을 할 수 있는 능력과 직업적인 헌신 사이에는 엄청난 차이가 있기 때문이다. 이것저것을 다 할 수 있다고, 심지어 그래야 한다고 믿고 싶은 욕망은 날마다 한 가지 일을 힘들고 단조롭게 해야 하는 한계에서 도피할 수 있게 해준다. 자신의 비전과 재능, 그리고 하나의 영역에서 창조물을 이루어내려는 욕구가 자신을 추동하는 강한 동인이 될 만큼 운 좋은 사람은 보기 드물다. 예를 들어 우리 아버지는 그런 분이었다. 이 글을 쓰는 지금 나는 모차르트의 기품 있는 피아노 협주곡을 듣고 있다. 모차

르트도 오직 한 가지 일만을 할 수 있었고, 인간이 할 수 있는 가장 심오하고 완벽한 수준으로 그 일을 해냈다. 그가 35년이라는 짧은 생애 동안 그런 성취를 보여준 것은 가히 기적이었다.

사실 나는 그처럼 내적으로 동기화되는 것, 내면의 동기에 이끌리는 것이 혼란스러움에 대한 해결책이라고 믿으면서 성장했다. 즉 선택하는 것이 아니라 선택되는 것이다. 혹자는 그런 예술적인 욕구와 동인이 오만한 무엇이라고 할지 모른다. 거기에는 평범한 세속적인 일에 참여할 필요가 없다는 생각, 자신은 번잡스러운 세상사에서 벗어나 무언가 특별한 일을 하기 위해 선택되었다는 생각이 스며들어 있는 것이라고 말이다.

하지만 그렇다 하더라도, 어떤 한 가지 기술적인 능력이나 예술적인 재능에 깊이 헌신하며 전념하는 사람은 극소수다. 요즈음에는 너무나 많은 외적 요인과 자극들이 우리에게 영향을 미친다. 시간은 빠르게 흐르고 공간은 비좁기만 한다. 사람들은 자신이 어디를 향해 가고 있는지 모르고, 대부분의 젊은이는 자신이 어디에서 왔는지도 모른다. 혼란스러운 지시와 목소리들이 도처에 가득하다. 불협화음의 세상에서 한 가지 목소리를 고수하는 것은 마치 침묵을 선택하는 것과 같다.

허나 이것만은 분명하다. 우리는 각자 내면의 목소리를 찾도록, 그 목소리가 최소한 어느 정도까지는 우리를 인도할 수 있도록 자기 자신을 또 서로서로를 격려해야 한다. 특히나 개인의 목소리가 허용되고 장려되는 사회에 살고 있다면 더욱 말이다. 모든 것을 잘할 수 있는 사람은 없다. 춤추면서 요리하고 강의하고 아이를 돌보고 바느질하고 노래하는 것을 한꺼번에 할 수는 없다.

내가 쓴 첫 책은 체액설(인간의 몸과 마음은 유기체 안의 체액에 의해 좌우된다는 오래된 사상)에 관한 것으로 2,500년의 역사를 아우르고 있어서 특정한 하나의 전문 분야를 파고든 결과물이라고 할 수는 없다. 그래도 제약은 따랐다. 박사 학위 논문만큼은 아니더라도 창조하는 각 저작물은 독립적이며 간결해야 한다. 그래야 해당 분야의 정보를 찾는 사람들이 이해할 수 있기 때문이다. 우리는 작은 한 가지 면만 보고도 전체를 볼 수 있다. 잠재적인 보편성을 실제로 얻기 위해 보편성에만 매달릴 필요는 없다. 오히려 그 반대다. 특정한 것 안에서 보편적인 것을 발견하기만 하면 된다. 진부한 교훈이지만 기억하기 쉽지 않은 교훈이기도 하다.

지금보다 더 여러 가지 일을 잘했으면 좋겠다는 생각이 지금도 종종 든다. 배워야 할 것도 아직 많다. 그렇지만 나는 모든 걸 잘할 수는 없다는 사실을 받아들였다. 내가 할 수 있는 경험이 제한되어 있음을, 어떤 일이 얼마나 심오하든 거기에는 한계가 있음을 받아들였다. 그리고 나의 행복과 가치는 모든 것을 해내고자 하는 욕망이 가져다줄 수 없다는 사실도.

노가 아리카
Noga Arikha

사상사 학자로 런던의 와버그 연구소Warburg Institute에서 박사 학위를 받았다. 〈뉴욕타임스〉 선정 편집자 추천도서이자 〈워싱턴 포스트〉 선정 최우수 논픽션 중 한 권인 《열정과 기질Passions and Tempers: A History of the Humours》의 저자다. 컬럼비아대학교 이탈리안 아카데미에서 '예술 및 신경과학 연구원'으로 있었고, 뉴욕 바드대학과 바드대학원 센터에서 강의했으며, 현재는 프랑스 파리에 있는 PCAParis College of Art에서 인문학 교수로 있다.

필요한 것은, 오직 **침묵**

레인 드그레고리

침묵은 그 안에서 위대한 것이 저절로 빚어져 오랜 뒤 완성된 형태로 장엄하게 삶의 한가운데 드러나는 요소다.

_모리스 마테를링크Maurice Maeterlinck

올랜도, 나는 이곳을 피할 수 없었다. 차단할 방법이 없었다. 소음은 어디에나 있었고 듣기 싫은 음악과 가사와 소리가 내 머릿속을 쾅쾅 두드리며 나 자신의 사고를 전개할 여지를 애초부터 삼켜버렸다. 단어 하나 생각해낼 수 없었다.

나에게는 그저 숨어 들어가 글을 끝마칠 수 있는 조용한 공간이 필요했다. 1년 동안 준비해온 이야기를 일요일자 신문에 싣기로 되어 있었다. 그런데 아들이 춤 경연 대회에 참가하게 되었고, 그래서 플로리다 주 한가운데까지 차를 몰아 올랜도 시 디즈니 리조트에 간 것이다. 아들이 리허설을 하는 동안 나는 특집 기사를 마무리해야 했다.

아들의 댄스팀이 연습하는 무도회장은 너무 시끄러웠다. 복도까지 힙합 음악이 쿵쿵 울렸다. 로비로 가자 경쾌한 록 음악이 안락의자 위에 감돌고 있었다. 식당으로 자리를 옮겨보았다. 바 위쪽에 설치된 TV에서 축구 경기가 요란스레 펼쳐지고 있는 가운데 캐스터가 계속 소리를 질러댔다. 여자 화장실에 있는 소파가 괜찮아 보였다. 하지만 70년대 유행가가 화장실 곳곳으로 흘러들었다. 야외 수영장 옆은 팝 선율이 아이들의 떠드는 소리까지 덮어버렸다. 나는 이 모든 불협화음 속에서 아무리 애를 써도 집중할 수 없었다. 참다못해 소리라도 지르고 싶었지만, 소음만 추가하게 될 게 뻔했다.

나는 다시 주차장 쪽으로 걷기 시작했다. 주차장 가로등에 달린 스피커에서 디즈니 노래가 쾅쾅 울려 나왔다. 나는 적막 비슷한 것이라도 찾으려면 과연 얼마나 더 가야 할지 궁금해졌다.

옛날에는 고요해서 참 좋았을 것이다. 자동차가 도로에서 부르릉거리고 비행기가 머리 위에서 굉음을 울리고 라디오와 TV가 상상할 수 있는 모든 공간 구석구석에 음악과 대화, 광고를 전파하기 전에는 세상이 얼마나 조용했겠는가. 소파에 앉아 새소리를 듣거나 카페에 들어가 실제로 대화를 나눌 수 있었을 것이다. TV나 음악 소리 때문에 소리 지르지 않아도 되는 좋은 때였을 것이다.

소음의 규모가 이렇게 커진 것은 대체 언제부터인가? 꼭 집어 말하기가 어렵다. 식당에서는 언제부터 스페셜 메뉴와 함께 시끄러운 음악을 제공하기 시작했을까? 병원 대기실에서는 언제부터 TV 토크쇼를 보여주기 시작했을까? 식료품점에서는 언제부터 자신들의 사운드트랙을 만들어 틀기 시작했을까?

아무 소리도 들리지 않는 게 정말 그렇게 두려운 것인가? 우리의 머릿속에서 전개되는 무엇을 침묵시키려는 것인가? 자신의 목소리보다 타인이 하는 말에 더 관심이 있는 것인가? 어째서?

우리 부모님은 언제나 날씨 채널을 틀어놓는다. 시청하지 않을 때도 배경으로 들리는 TV 소리는 임박한 재난을 경고한다. 내 남편은 드러머이자 음악 선생님이다. 그가 애정을 갖는 것과 직업 모두 시끄러운 일이다. 우리 큰아들은 악대 드럼 라인에서 작은 북을 친다. 작은아들은 탭 댄스를 춘다. 그것도 브로드웨이 뮤지컬을 기운차게 부르며 말이다. 우리가 기르는 목축견은 한시도 짖지 않는 때가 없다. 집에 아무도 없고 개까지 밖에 있을 때도 거북이 탱크의 꾸르륵거리는 소리가 너무 커 생각에 집중하려면 플러그를 뽑아야 한다.

나는 변기 뒤에 노트를 놓아둔다. 샤워 물줄기 소리가 가족의 목소리와 음악 소리를 뒤덮는 욕실에서 대부분의 글을 쓴다. 그때가 창작에 매진할 수 있을 만큼 고립되어 있다고 느끼는 유일한 순간이다.

끊임없이 계속되는 소음을 없애야 한다. 사업체나 공익기관들은 우리가 식사하거나 지하철을 이용하는 공간으로 소음을 주입하는 행위를 멈춰야 한다. 귀를 헤드폰으로 감싸거나 집안을 TV에서 나오는 쓸데없는 말로 채우는 대신 우리 자신의 생각을 조율할 수 있을 만큼 충분한 침묵을 조성해야 한다.

올랜도에서 나는 결국 오후에 광활한 주차장 끝까지 걸어가야 했다. 걷는 내내 〈겨울왕국〉의 사운드트랙이 내 뒤를 밟았다. 결국 조용한 곳 찾기를 포기한 나는 차에 들어가 창문을 닫고 에어컨을 최대로 틀고서 원고 화면을 펼쳤다.

그곳이 나의 안식처였다.

레인 드그레고리
Lane DeGregory

퓰리처상을 수상한 〈템파베이타임스Tampa Bay Times〉 특집 기사 전문 기고가로 그늘진 환경에 처한 사람들에 관한 글을 주로 쓴다. 그녀는 취재를 위해 100살의 나이에도 해산물 창고를 청소하는 노인과 함께 일했고, 성범죄자들이 모여 사는 다리 밑에서 그들과 어울렸으며, 입양된 야생아(野生兒, 인간의 양육을 받지 못하고 자란 아동)를 추적했다. 2009년 특집 기사 부문 퓰리처상을 수상한 것을 포함해 수십 건에 달하는 수상 경력을 보유하고 있다.

루이스 로젠펠드

떠나보내라, 설레지 않는 모든 것을

무엇이 진정 애처로운지 아는가?

나는 20년 동안 대학 시절 노트와 교재를 모두 버리지 않고 간직했다. 2개의 학위를 따내고 세 번째 학위는 절반 정도까지 해나가던 가운데 쌓인 자료들이다. 어마어마한 양의 종이를 축적한 셈이다. 더 안타까운 것은 거처를 옮길 때마다 그것들을 모두를 싣고 다녔다는 것이다. 적어도 일곱 번은 이사를 했는데 엄청나게 무거웠다. 그러면서도 한 번도 다시 들여다본 적이 없는 자료였다.

그 책과 노트들은 우리 집 지하실에서 먼지에 쌓여가고 있었다. 만일 책과 노트가 생각이라는 것을 할 수 있다면 왜 그 오랜 세월 자신들이 우리 집 지하실 계단 밑에 있는지 궁금해했을 것이다. 나는 그것들을 쌓아놓고 무엇을 어떻게 하려던 심산이었을까? 대체 언제 처분하려고 했던 것일까?

그날이 결국 오고야 말았다. 단지 내가 예상했던 것과는 많이 달랐을 뿐이다. 언제나 나보다 변화를 더 기꺼이 수용하는 아내가 마침내 나를 설득하는 데 성공했다. 책과 노트 더미를 통째로 재활용 처분하도록 말이다.

내가 느낀 고통 또한 예상치 못한 것이었다. 향수에 잠긴 것이 아니었다. 오랫동안 잊고 있었던 내 학업의 마법과도 같았던 시절이 다시 떠올라 아픔을 느낀 것도 아니었다. 내가 상처받은 이유는 나의 형편없는 학습 습관과 미숙함, 당혹스럽기만 한 이해력 부족을 상기시키는 끔찍한 논문들을 다시 접했기 때문이었다.

'없애길 정말 잘했지! 다음에 이사할 때에는 먼지투성이의 그 지저분한 놈들을 끌고 다니지 않아도 되겠군!'

하지만 그 책과 노트를 버림으로써 실제로 겪은 일은 개인 역사의 정화였다. 처음에는 이 사실을 받아들이기가 쉽지 않았다. 평소 "진실은 기록 속에 있다"고 믿었기 때문이다. 내 책과 노트, 논문은 내 인생의 중요한 시기를 기록하고 있는 주된 자료였다. 그것들을 버리는 것이 진실을 버리는 것처럼 느껴졌다. 하지만 나는 그것들을 떠나보내는 도약을 이루고 나서 "교훈이 진실보다 더 중요하다"는 사실을 깨달았다.

마치 내가 받은 진정한 교육의 많은 부분이 대학 시절의 몸부림에 대한 직접적 반발에 기인하는 것처럼 느껴졌다. 그렇게 얻은 교훈은 문서 안에 있는 것이 아니고 이제 내 안에 자리 잡고 있었다. 그래서 나는 물리적인 짐에서 나 자신을 해방시킨 것이 기뻤다. 마음의 짐에서도 해방되어 기뻤다. 내가 배운 것들이 이제 내 안에 스며들어 있으므로 고통스러운 순간을 되새길 필요가 없는 것이다.

당신도 이와 비슷한 무언가를 행해보라고 권하고 싶다.

얼마 전 아주 똑똑한 친구가 디스카디아Discardia! www.discardia.com라는 새로운 휴일을 발명했다. 1년에 네 차례 기념하는 이 휴일은 아주 훌륭한 아이디어다. 물건들을 정리할 때마다 나는 육체적으로 그리고 심리적으로 기분이 좋아진다.

"당신 인생을 멋지게 만드는 데 기여하지 않는 모든 것을 떠나보내세요!"

바로 디스카디아의 슬로건이다. 지하실 계단 밑에 필요 없는 어떤 것이 방치되어 있지는 않은가? 당신의 마음속은 어떤가?

모두 떠나보내고 멋진 인생을 향유하기 바란다.

**루이스
로젠펠드**
Louis Rosenfeld

사용자 경험 도서, 교육, 컨설팅 부문의 중요한 자료 출처인 로젠펠드 미디어Rosenfeld Media의 설립자다. 베스트셀러《효율적인 웹사이트 구축을 위한 인포메이션 아키텍처Information Architecture for the World Wide Web, O'Reilly, 3rd edition》의 공동저자이며《사이트 검색 분석론Search Analytics for Your Site, Rosenfeld Media》을 집필했다.

하찮은 물건에 돈을 쓰면서 **신세를 망치는** 사람들

로리 서덜랜드

얼마나 많은 사람들이 하찮은 효용밖에 없는 자질구레한 물건에 돈을 쓰면서 신세를 망치는가? 이런 장난감을 좋아하는 사람들을 만족시키는 것은 물건의 효용성이 아니라, 효용성을 높이기 위해 갖춰진 기능들이다. 그들의 주머니는 작은 문명의 이기로 가득하다. 그들은 다른 사람의 옷에는 없는 새로운 주머니를 고안해 많은 것들을 가지고 다닌다. 시시한 물건들을 잔뜩 지닌 채 걸어 다닌다. (중략) 어떤 물건들은 때로 약간 소용이 있겠지만, 그것들 모두는 언제나 없어도 문제가 될 게 없는 것들이고 전체적인 효용은 그것들을 갖고 다니는 피곤한 수고로움에 비하면 미미할 뿐이다.

이 글을 보면 전자기기에 대한 현대인들의 집착이 떠오른다. 게다가 1759년에 쓴 글이라는 점을 감안하면 더욱 놀라울 따름이다. 이것은 안타깝게도《국부론The Wealth of Nations》보다 덜 알려진 애덤 스미스Adam Smith의《도덕감정론The Theory of Moral Sentiments》에 나오는 구절이다. 현재 많은 사람들이 이 책을 행동경제학 분야의 첫 번째 주요 저작으로 꼽는다.

스미스는 기기 애호가들이 메저베이션measurebation 기질이 있음도 알아챘다. 물론 그런 표현을 사용하진 않았지만 말이다. 사진가들이 흔히 경멸적으로 쓰는 표현인 메저베이터measurebator는 카메라의 기능과 사양에 지나치게 집착하는 사람을 뜻한다. 이런 사람은 픽셀 수, ISO 감도 수치, 셔터 지연 시간 등에 집착하지만 좋은 사진을 찍는 경우는 좀처럼 드물다.

《도덕감정론》의 또 다른 구절을 읽어보자.

> 마찬가지로 시계에 관심이 많은 사람은 하루에 2분 이상 늦게 가는 시계를 하찮게 여긴다. 그는 아마 그 시계를 2기니 정도의 헐값에 팔아버리고 50기니를 주고 다른 시계를 살 것이다. 2주에 1분도 늦어지지 않는 그런 시계 말이다. 그러나 시계를 사용하는 유일한 목적은 시간을 알기 위한 것이고, 그래서 약속에 늦거나 특정 시점에 시간을 몰라서 불편함을 겪지 않기 위한 것이다. 하지만 시계에 까다로운 취향을 가진 사람이 항상 남들보다 더 정확하게 시간 약속을 엄수하는 것은 아니며, 현재 시각을 정확히 알려고 유독 더 관심을 두는 것도 아니다. 그가 관심을 두는 것은 정확한 시간을 아는 일이라기보다는 그 정보를 알려주는 기기의 완벽함이다.

메저베이션 기질, 다시 말해 제품의 실제 용도보다는 사양과 수치, 정량화할 수 있는 특성에 집착하는 것은 특히 남자들에게 많이 나타나는 듯하다. 남녀의 뇌량(腦梁) 구조 차이에 그 원인이 있을 수 있다. 뇌량은 좌우 대뇌 반구를 연결하는 신경 다발로 종종 자폐증 연구의 대상이 된다.

메저베이션에는 두 가지 문제점이 있다. 먼저 대상물의 더 중요한 다른 속성보다 수치로 표현 가능한 특성에 집착하게 된다는 것이다. 이런 이유로 내 모국인 영국이 고속철도에 엄청난 비용을 쏟아 붓는 것이다. 속도와 내구성은 수학적 모델로 설명할 수 있는 속성이다. 기차 자체는 불편하고 승객에게 어떤 신선한 경험도 제공하지 않으면서 말이다. 승객의 편안함 같은 것은 수치로 계량할 방법이 없으므로 비용을 들여 고려할 대상이 못 된다.

또 다른 문제도 있다. 수치적 관점에서 목표를 세우면, 특정 수치가 개선되는 데서 오는 이로움도 자연스럽게 수치와 비례해서 선형적으로 증가할 것이라는 착각을 심어주게 된다.

오랫동안 디지털카메라 제조업체들은 경쟁사보다 메가픽셀(MP) 수가 더 높은 카메라를 내놓으려고 앞다투어 경쟁했다. 초기에는 이런 경쟁이 의미 있고 마땅해 보였다. 4MP 카메라는 2MP보다 두 배는 좋을 테고, 8MP 카메라는 4MP 카메라보다 두 배까지는 아니더라도 적어도 현저히 개선된 화질을 보여줬을 것이다. 하지만 더욱 수준 높아지는 세부 기술에서 오는 이로움은 금세 희미해지기 시작했다.

사진을 건물 벽에 투사할 게 아니라면 대부분의 경우 일상적 용도에선 8MP 정도면 충분하다. 전문 사진작가들도 어느 정도 더 좋은 카메라를 원하긴 하겠지만 그렇다고 월등히 뛰어난 것을 바라지는 않는다. 나는 전문 사진작가에게 RAW 파일(가공하거나 압축하지 않은 사진 포맷-옮긴이)을 사용하느냐고 물어본 적이 있다. 그는 RAW 파일이 너무 크고 공간을 많이 차지해 사용하지 않는다고 말했다.

시간이 흐르자 아주 어리석은 사람들 소수를 제외하고 대부분은 웬만큼 괜찮은 카메라에 만족했고, 혁신을 향한 그들의 취향은 다른 곳으로 옮겨가기 시작했다. 오늘날 세계에서 가장 흥미로운 카메라 제조사는 고프로(GoPro)일 것이다. 고프로의 카메라는 꽤 훌륭한 수준의 혁신을 이뤘으면서도 제품이 가진 실질적인 차별성은 견고함과 휴대성에 있다.

효용에서의 이점이 줄어드는 상황에서도 특정한 기능을 끝없이 추구하는 것이 바로 메저베이션의 자연스러운 결과다. 행동경제학에서는 이런 습관을 '만족하기satisficing'와 대비하여 '극대화하기maximisation'라고 표현했다. '만족하기'는 달성하기 힘든 완벽한 해법을 무한히 추구하는 대신에 일정 수준의 괜찮은 대안을 선택하는 데서 만족하는 접근법이다.

애덤 스미스가 묘사한 시계에 대한 집착은 '극대화하기'를 보여주는 예다. 그것은 아무런 실익이 없는 경쟁이었으며 경쟁 자체를 위한 경쟁이었다. 200년도 더 흐른 지금, '극대화하기'를 으레 행하는 사람들이 '만족하기'를 행하는 사람들보다 덜 행복하다고 알려졌다.

조금만 생각해보면 그 이유를 알 수 있다. 실제 존재하는 문제에 대한 그런대로 괜찮은 해결책이, 존재하지도 않는 문제에 대한 이상적인 해결책보다 우리 삶에 훨씬 더 유용하기 때문이다. 따라서 메저베이션과 극대화하기는 내가 사람들에게 언제나 경계하라고 촉구하고 싶은 두 가지다. 또한 그들이 몸담고 있는 조직에서도 경계해야 한다. 이런 행동방식이 발견되면 항상 없애려고 노력해야 한다.

로리 서덜랜드
Rory Sutherland

1988년 광고 회사 오길비Ogilvy에 대졸 연수생으로 입사했다. 여러 기업을 상대로 일하면서 많은 상을 수상했다. 1997년 오길비원OgilvyOne의 크리에이티브 디렉터로 임명되었고 1998년에는 ECDExecutive Creative Director가 되었다. 근무 시간 엄수가 개선된 점을 인정받아 2005년 영국 오길비 그룹의 부회장 자리에 올랐다. 2007년 칸국제광고제 심사위원장을 맡았고, 2009년 영국광고인협회Institute of Practitioners in Advertising 회장으로 뽑혀 2년간 활동했다. 또한 세상에서 가장 오래된 영어 잡지 〈스펙테이터Spectator〉의 기술 담당 기고가다.

http://snipr.com/da9bq

피터 보린

단순함이 우리를 **자유**롭게 하리라

건축가로 사는 삶 그리고 개인적인 삶 모두에서 나는 감정적으로 가장 강렬하게 끌리고 지적으로 가장 흥미롭게 느끼는 것에 집중해왔다. 두 영역 모두에서 나는 사물의 본질에 끌린다. 개인적인 삶에서 그 본질이란 단순한 것들을 의미한다. 아내와 보내는 시간, 작업, 가족, 그림 그리기, 정원 가꾸기, 수영, 음악 듣기, 친구 만나기, 독서, 사색하고 몽상에 잠길 시간 등등 말이다.

건축가로 일하면서 나와 동료들은 평온함과 미묘한 뉘앙스를 찾고자 한다. 탁월한 건축물이란 각각의 환경에 내재한 특정 상황에 딱 들어맞는 해법을 찾으려는 노력에서 탄생한다는 것이 우리의 믿음이다. 우리를 둘러싼 모든 환경에는 깊은 풍요로움과 힘이 있다. 공간의 관능성과 재료가 지닌 정서적 특성, 기쁨과 통찰력을 제공하는 능력, 편안함과 변화의 느낌을 창출하는 능력을 믿을 때 인간미와 영혼이 느껴지는 건축이 탄생한다.

어떻게 하면 모든 것의 본질을 드러내 보일 수 있을까? 태양, 미풍, 우리의 손, 우리가 움직이고 보고 듣는 방식, 그리고 건축 재료가 되는 돌, 금속, 나무, 유리의 본질을? 건축물에 우리 자신과 우리의 문화, 우리의 과거를 어떻게 반영할까? 그러면서도 희망과 자유로움을 주는 열린 공간으로 만들 수는 없을까? 그러기 위해서는 개방적이면서 자발적이고 온화한 시각, 부드러우면서도 제한 없는 접근법이 요구된다.

삶에 대한 이런 접근법 덕분에 내가 부모님을 위해 디자인한 숲속 휴양지와 같은 여러 건축과 공간의 구현이 가능했다. 이 작은 여름별장은 짙은 상록수와 밝은 낙엽림 지대 사이에 얌전하게 자리 잡고 있다. 별장 진입로에서부터 집안에 들어가 발걸음을 옮기는 동안에 이르기까지, 매 순간 방문자를 풍요롭게 감싸는 기운을 경험할 수 있다. 짙푸른 나무들 사이에 폭 들어앉은 채 녹색으로 뒤덮인 목조 건물이 바위들이 점점이 수 놓인 풍경을 굽어보면서 콘크리트 기둥 위에 자리 잡고 있다. 자재와 형태에서 단순함을 추구한 이 '숲 속의 집'은 아름다운 풍경이 건네는 신호와 기운에 화답하면서, 매력적이고 고요한 동시에 우아하고 위안을 주는 공간이 된다.

우리가 디자인한 많은 애플 스토어들도 건축에 대한 우리의 접근법을 보여주는 또 다른 예다. 스티브 잡스는 애플이 자신만의 고유한 스토어를 갖게 될 것이라고 내다보았다. 우리는 이 매장들이 애플만의 특성을 반영해야만 한다고 생각했다. 지적이고 정밀하면서도 우아한 느낌을 풍겨야 했다. 스토어 자체도 애플 제품들과 조화롭게 공명해야 했다. 스토어가 애플 제품을 압도하거나 고객이 제품에 주목하는 것을 방해해서는 안 됐다. 명료하고 차분하며 자신감이 풍기는 공간이어야 했다.

우리는 획기적인 건축용 유리를 주로 사용해 이 공간에 개방성과 투명성을 높이려 했다. 스토어 안을 돌아다니는 사람들의 흐름이 극적인 안무처럼 되게 구상했고, 고객이 공간의 연속성 안으로 들어와 이동할 수 있게 했다. 이 공간은 상호작용하고 공유하는 공간이면서도 동시에 사색적이고 개인적이다. 바로 모더니즘과 애플의 정신을 대변하는 특성이다.

나에게 가장 중요한, 모든 것의 본질에 관심을 기울일 시간과 환경을 확보하기 위해 나는 어떻게 삶을 간소화했을까? 나는 주말에도 건축 관련 일을 자주 하지만 아내와 가족, 친구들과 함께할 시간은 늘 따로 남겨둔다. 컴퓨터는 꼭 필요할 때가 아니고는 사용하지 않는다. 사람들과 교류하고 내 모든 감각을 동원해 장소를 관찰하면서 얻는 것들을 컴퓨터가 대신 줄 수 없기 때문이다.

디자인의 본질적인 면을 파고들 때 나의 정신과 손과 연필이 결합하여 발산되는 강한 본능적인 힘은 특히 짜릿한 만족감을 준다. 우리는 다행스럽게도 연필과 컴퓨터 모두를 사용해 아름답게 디자인할 줄 아는 많은 건축가와 함께 작업하고 있다.

휴대전화를 가치 있게 생각하기는 하지만, 내가 직접 이메일을 확인하고 답장하는 일은 가급적 피한다. 집중하는 데 방해가 많이 되기 때문이다. 함께 일하는 사람들이 내 이메일 처리를 도와준다. 한 시간이 넘게 차를 타고 가야 할 일이 있으면 대개 다른 사람이 운전을 해주어 나는 더 많은 시간을 생각에 몰두할 수 있다. 또 할 수만 있다면 비행기 여행도 많이 줄이고 싶다. 하지만 고객과 동료 건축가들을 직접 만나 교류하거나 다양한 문화와 공간의 미묘한 특성을 관찰하는 일이 나에게는 매우 중요하므로 그러기 쉽지 않다.

사려 깊고 통찰력 있고 유능한 사람들을 가능한 한 많이 가까이에 두려고 노력해야 한다. 그리고 삶을 단순화하는 동시에 주의력을 흐트러뜨리는 모든 요소를 없애는 것이야말로 우리에게 가장 흥미롭고 중요한, 만물의 본질에 가닿을 수 있는 최선의 길이다.

피터 보린
Peter Bohlin

보린 사이윈스키 잭슨Bohlin Cywinski Jackson의 창립 파트너이며, 회사가 지속해서 디자인적인 성과를 내는 데 중요한 역할을 해왔다. 이 회사는 1965년에 설립되어 대단히 미학적이고, 장소와 사용자의 독특함을 조화롭게 반영하며, 지적이고 직관적인 정밀함을 보여주는 건축물로 유명하다. 미국건축가협회American Institute of Architects, AIA 회원인 보린은 1984~1985년에 AIA 디자인 위원회 회장을 지냈다. 2010년 미국 개인 건축가에게 최고의 영예인, AIA에서 수여하는 금메달을 받았다.

아무것도 하지 않을 때 얻게 되는 것들

로저 생크

오래전에 친한 동료와 점심을 먹고 있을 때의 일이다. 나는 동료에게 아내의 고기 굽는 법에 대해 불평을 털어놓았다. 항상 너무 지나치게 익히는 것 같았기 때문이다. 동료는 내 말을 듣더니 15년 전 영국에서 이발할 때 겪었던 일을 이야기해주었다. 이발사가 자기가 원하는 만큼 짧게 머리를 깎지 않았다는 것이다. 내가 한 말에 대한 반응치고는 이상하게 느껴져서 잠깐 생각을 해보았다.

'이발이 고기 굽는 것과 무슨 상관이 있지?'

얼핏 생각하면 아무 상관이 없다. 그러나 더 높은 수준의 관념화를 해보면 둘은 본질적으로 똑같은 이야기다. 우리는 둘 다 누군가에게 무언가를 해달라고 요청했지만, 그들은 우리의 요청이 지나치게 불필요한 것이라고 생각해 거절했다. 내가 왜 이 이야기를 하고 있을까? 다음 세 가지 질문에 대한 답을 얻는 과정과 관련되어 있기 때문이다.

1. 명료하게 생각하는 법을 어떻게 배울 것인가?

2. 학습에 유용하게 쓰이도록 기억력을 어떻게 단련할 것인가?

3. 명료한 사고를 가능하게 하려면 무엇을 해야 하는가?

이 모든 질문에 대한 간단한 답은 이것이다.

"소음을 없애라."

동료의 반응이 특이했다는 사실에 집중하는 대신에, 나는 그의 머릿속에서 뭔가 흥미로운 과정이 진행되고 있다고 가정하고 그것을 밝혀내고 싶다고 생각했다. 나는 동료가 자신이 과거에 경험했던 안 좋은 일과 내 사례를 양립시키려 했다는 점에 초점을 맞추었다. 누구나 안 좋은 경험이나 실패는 잊지 않기 마련이다. 나는 그 과정이 어떻게 진행되는지에 집중했다.

얼마 안 가 기억이 조직되는 법에 관한 하나의 가설을 수립했다. 타인이 원하는 바를 충족시켜주길 거부하는 것과 같은 관념들에 의해 분류되는 경험을 중심으로 기억이 조직된다는 이론이다. 이후 나는 컴퓨터가 스스로 기억을 조직하게 만드는 방법을 연구하는 기나긴 과정을 시작했고 이 연구는 지금도 진행 중이다.

이를 위해서는 실로 정밀한 분석과 깊은 사고 과정이 필요했다. 하지만 나의 사고를 산만하게 만드는 요인이 너무 많아서 생각 자체가 어렵다는 사실을 알아차렸다. 내가 찾고 있던 답이나 해결책이 한밤중에 문득 떠오르곤 했는데, 어떻게 그런 일이 벌어지는지 알 수 없었다.

나는 비의식적인 정신 영역에서 대부분의 사고가 진행된다는 것을 깨달았다. 내 동료도 이발 경험을 의식적으로 생각해낸 게 아니라 그냥 머릿속에 떠오른 것뿐이었다. 비의식적 자아가 생각을 하게 놓아두고 이렇게 생각한 것을 의식적으로 인식하기만 하면 된다. 하지만 그러려면 TV도 꺼져 있어야 하고, 주변에 떠들고 있는 사람도 없어야 하며, 나를 산만하게 할 만한 어떤 요인도 없어야 했다.

이것은 매우 중요한 점이다. 35년 전 이 문제를 파고들기 시작했을 때도 비의식적인 사고가 가능하도록 소음을 제거하는 일이 힘들었지만, 요즈음은 훨씬 더 힘들기 때문이다. 요즘은 휴대전화를 언제든지 쓸 수 있고 컴퓨터도 늘 손닿는 거리에 있다. 문자 메시지, 트위터, 페이스북이 늘 주의를 잡아끈다. 이런 것들을 떠올리거나 거기에 반응할 때마다 우리는 명료하게 생각하는 능력에 제약을 가하게 된다. '정말 그럴까?' 하는 의문이 들지도 모르지만, 사실이다. 의식적인 자아가 우세해져 비의식적인 자아가 이런저런 생각을 떠올리는 것을 막는다.

고로 나는 이렇게 조언하고 싶다. 소음을 없애라. 하루에 적어도 한 시간은 전자기기를 꺼놓고 지내라. 혼자서 평화롭게 있을 수 있는 공간에서 지내보라. 한동안 아무것도 하지 않을 때마다 무언가 값진 것을 얻게 될 것이다. 의식적 사고보다 더 강력한 비의식적 사고가 해주는 말에 귀를 기울이기만 한다면 말이다.

로저 섕크
Roger Schank

학교와 기업에 스토리 중심의 학습 과정을 제공하는 회사인 소크라틱 아츠Socratic Arts의 회장 겸 CEO다. 교육을 위한 엔진Engines for Education, Inc의 설립자 겸 전무이사이며, 트럼프대학에서 최고교육책임자Chief Learning Officer로 활동했다. 카네기 멜론 웨스트Carnegie Mellon West에서 최고 교육책임자였고, 2001~2004년 카네기멜론대학교 컴퓨터공학대학에서 특별 과정 교수로 있었다. 1989년 노스웨스턴대학교에 과학학습 연구소Institute for the Learning Sciences를 설립했으며, 현재 이 대학에서 컴퓨터공학, 교육, 심리학 명예교수로 있다. 1974년부터 1989년까지는 예일대학교의 컴퓨터공학 및 심리학 교수였다. 2001년 6월 일터의 학습과 성과에 기여한 공로를 인정받아 미국교육개발협회상American Society for Training & Development Award을 받았고, 2005년 영국 에픽 그룹Epic Group에 의해 최고의 이러닝 전문가로 선정되었다.

7 · 인생은 지금, 바로 여기

기쁨이 나의 **일상**으로 들어왔다

월리엄 폴 영

어떤 이들에게는 평온이 기쁨보다 더 실제적이고 중요하다. 그러므로 당신이 원한다면 이 글에서 '조이joy(기쁨)'라는 단어를 볼 때마다 평온이라는 말로 대체해도 좋다. 그 둘이 똑같은 것이어서가 아니라, 내가 지금 기쁨에 대해서 쓰려는 내용이 평온에도 마찬가지로 적용되기 때문이다. 기쁨과 평온은 둘 다 환경이나 상황으로부터 독립적인 무엇이다. 외부에서 오는 게 아니라 우리 내면에서 비롯된다는 얘기다. 평온은 견고하고 확실하며 안전한 내면 깊은 곳과 연결된 상태를 말한다. 기쁨은 상실과 고통으로 가득한 삶이라도 마음속에 미소를 머금고 일상을 헤쳐나가는 존재의 경이로움과 아름다움을 뜻한다.

몇 년 전, 뜻밖에도 '조이'가 항상 내 곁에 머무는 동반자가 되었다. 더 이상 가끔만 찾아오는 손님이 아니었다. 그저 놀랍다는 표현만으로는 모자란 전혀 예상치 못한 상황이었다. 조이가 어쩌다 한 번씩 찾아와 나를 깜짝 놀라게 하고 떠나버린 적은 있었다. 대개는 몇 시간 또는 몇 분만 머물다 떠나곤 했다. 그런 방문도 물론 반가웠지만 나는 본능적으로 알았다. 조이에게는 챙겨야 할 다른 더 중요한 일이 있음을. 하지만 힘든 시기를 겪고 있는 나에게 고맙게도 잠깐 들러 힘내라고 기운을 북돋워 준 것임을, 온 세상이 회색빛으로만 보일 때 잠시나마 위안을 전해주러 온 것임을.

조이의 갑작스러운 방문에는 정해진 규칙도 이유도 없었다. 적어도 내가 보기에는 그랬다. 나로서는 언제나 반가운 손님이지만, 문간 사랑방에서 잠을 자고는 새벽 동이 트기 전에 홀연히 떠나버리는 손님이었다. 깔끔하게 정돈된 이불과 "잘 잤어요. 언젠가 또 만나겠죠"라는 메모만 남겨둔 채.

그런데 아예 들어와 나와 함께 살기 시작하다니……. 예상 밖의 일이었고 살짝 당황스럽기까지 했다. 첫 6개월간은 이 전혀 새로운 관계가 낯설어 안절부절못했다. "아직까지 내 옆에 있는 이유가 뭐지?"라고 물어보는 걸 상상해봤지만, 그건 좀 무례할 것 같았다. 어쩌면 그렇게 물어봤다가는 조이가 나랑 함께 있는 것보다 더 중요한 할 일을 기억해내고는 떠나버릴까 봐 걱정이 돼서 묻지 못한 걸지도 모른다. 하지만 어쨌거나 나는 조이가 내 곁에 머무르는 것이 너무 좋았다.

어째서 조이가 내 곁에 남아 나의 일상 구석구석에 함께하기로 한 것일까? 아주 고통스러운 힘겨운 날에도 말이다. 이 글을 쓰고 있는 지금도 조이가 내 어깨 뒤에서 내가 쓰고 있는 글을 넘어다보면서 씩 웃고 있는 것이 느껴진다.

나는 조이가 내 일상으로 쏙 들어온 이유를 곰곰이 생각해보다가 그제야 퍼뜩 떠올랐다. 그것은 내가 했던 어떤 특별한 결심 때문이었다. 그것은 내 영혼을 치유하는 여정의 '다음 단계'에 해당하는 결심이었고, 당시에는 별로 중요한지 몰랐지만 결국 내 삶 자체를 지배하게 된 선택이었다. 그 결심이란 바로 '미래에 대한 공상'을 그만두기로 마음먹은 것이다.

'미래에 대한 공상'이란 바꿔 말해 '내일 일을 걱정하는 것'이다. 앞으로 벌어질 일을 상상하면서 두려워하는 것, 정신적으로나 감정적으로 그 상상을 실제 미래처럼 여기는 것. 이를테면 이런 생각을 하는 것이다. 각자 빈칸을 채워보길 바란다.

"만약 .... 라는 일이 생긴다면 나는 어떻게 하지?"
"만약 .... 한다면 나는 뭐라고 말해야 할까?"
"만약 .... 라는 일이 생기면 우리 가족은 어떻게 되지?"

고백하건대, 나는 일어나지도 않을 수많은 일들을 상상하고 또 거기에 동반되는 감정도 경험했다.

나는 재정적으로 큰 손실을 입은 나머지 결국 다리 밑에서 살게 된다. 가족에게 버림받고 자식을 잃는 고통도 겪는다. 내 친구들이 몹

쓸 인간임을 알게 된다. 사람들 앞에서 망신을 당한다. 곤혹스러운 질문을 받고는 바보 같은 대답을 한다. 내 장례식에 참석한다. 그것도 한두 번이 아니다. 어떤 끔찍한 일이 벌어지는 것을 막으려고 하지만 실패한다. 누군가의 기대에 부응하려고 하다가 번번이 실패한다. 상상할 수 있는 온갖 종류의 사고를 당해 끔찍한 불구가 된다. 이가 모조리 빠진다. 일거리가 하나도 없는 신세가 된다. 병이란 병에는 모두 걸린다. 허구한 날 바보 천치 같아 보인다. 아무 이유 없이 얻어맞아 실신한다. 운전하다가 경찰관에게 자꾸만 걸린다. 친구들을 잃는다. 등교하고 나서 내가 아무것도 안 입고 있음을 알게 된다. 강도에게 습격을 당한다. 현재의 좋지 않은 상황이 영원할 것이고 어떤 것도 변하지 않을 것이며 변할 수도 없을 것이라고 상상한다…….

나는 이 모든 것을 공상했다. 나는 머릿속으로 책 몇 권은 족히 될 공상을 써내려갔다. 실체도 없고 현실적이지도 않은 텅 빈 헛된 상상을. 하지만 나는 이 공상을 진짜처럼 대했다. 그러면서 온갖 종류의 무섭고 소름 끼치는 감정을 느꼈고 내 삶을 통제하려고 발버둥 쳤다. 이 모든 두려운 일이 실제로 일어나지 않길 바라면서. 이 모든 상상은 현실이 아니다. 그런데도 내 인생의 대부분을 공상 속에서 또는 공상의 주변부에서 보냈다.

'하나님은 실재하지 않는 것에는 머물지 않는다.'

내가 공상했던 그 모든 것들 속에 분명 하나님은 계시지 않는다. 왜일까? 하나님은 애초에 실재하지조차 않는 것 안에 머무는 데 관심이 없는 분이니까. 따라서 내 헛되고 텅 빈 상상 안에서는 내가 유일한 '신'이다. 무언가를 해결하고, 일이 제대로 되어가게 하고, 사람과 사건을 이해하려고 노력하는 것 모두가 나한테 달려 있다. 하지만 솔직히 나는 이 '신의 놀이'에 아주 서툴다. 그 결과 내 인생은 두려움에 사로잡히곤 했고, 나는 나의 세계와 그 안에 있는 것들을 '통제'하려고 애썼다. 두려워하는 일들이 일어나지 않게 하려고 말이다. 정신적인 허깨비를 마치 실체가 있는 것인 양 여기며 살았다.

이제는 이런 어리석은 짓을 그만두었다. 그리고 깨달았다. 조이에게는 또 다른 이름이 있다는 것을. 기쁨은 우리 모두의 안에 살아 있는 '진짜' 예수님의 존재를 보여주는 무엇이다. 사실 기쁨은 나를 떠난 적이 없었다. 미래에 대한 공상을 향해 달음질치고 그 때문에 생기는 두려움과 마주하기 위해 기쁨으로부터 자꾸만 달아난 것은 바로 나였다. 이따금 찾아오는 손님은 조이가 아니었다. 손님은 바로 나였다.

요 몇 년간 나는 언제나 '오늘'이라는 이름의 은총 안에 머물고 있다. 오늘은 하나님께서 나와 함께 살아 계신 곳이다. 오늘은 '영원(永遠)'이 내 삶과 교차하는 곳이다. 내일이 온다 해도 내가 도달한 곳은 여전히 오늘이다. 만일 이런 은총이 내가 하나님의 존재를 감지하고 그 분의 목소리를 들을 수 있게 해주는 힘의 일부였다면, 과거의 나는 '실재하는' 하루 안에서 경험해야 할 진짜 은총을 낭비하고 있었던 셈이다. 실체도 없는 공상을 하면서 말이다.

미래의 계획을 세우느냐고? 물론이다. 하지만 느슨한 계획을 세울 뿐이고 많은 여지를 남겨둔다. 그리고 중요한 것은 내가 미래를 살지 않는다는 것이다. 나는 하나님이 계신 곳, 바로 오늘을 살고 있다. 당신 삶에 은총과 평온, 또는 은총과 기쁨이 얼마나 자주 함께하는가? 공허한 상상만을 좇는다면 하나님의 존재도 느낄 수 없고 그분 목소리도 들을 수 없을 것이다. 존재하지도 않는 두려움으로 마음이 산란해질 것이다.

거짓말이나 두려움, 괴로움을 내려놓기는 힘든 법이다. 두려움에 사로잡힌 생활방식을 하루아침에 깨끗이 버리기는 쉽지 않다. 우선은 믿는 마음을 갖기 시작하라. 누가 위험하다고 가르쳐주기 전까지는 무엇이든 당연히 믿는 어린아이의 마음을 가져라. 통제하려는 마음을 버리면 그 뒤에 찾아오는 자유가 무책임하게 느껴질 수도 있다. 하지만 그렇지 않다. 우리는 모두 오늘이라는 날의 은총 안에서 기쁨이라는 동반자를 언제나 곁에 두고 살아가기 위해 태어난 존재다.

얼마 전 조이의 블로그를 살짝 들여다보니 이렇게 적혀 있었다.

"몇 년 전에 폴은 나의 영원한 동반자가 되었다. 이제는 가끔씩 찾아오지 않고 영원히 머물게 되었다."

조이는 결코 나를 떠난 적이 없다.

윌리엄 폴 영
William P. Young

《오두막The Shack》, 《갈림길Cross Roads》, 《오두막, 그해 하루하루를 떠올리며The Shack: Reflections for Every Day of the Year》의 저자다. 캐나다에서 태어났고 선교사인 부모를 따라 네덜란드령 뉴기니(지금의 서뉴기니)에서 원시적인 부족과 함께 생활하며 자랐다. 어린 시절과 청소년 시절에 큰 상실의 고통을 겪은 그는 현재 미국 북서부에서 가족과 함께 살며 '은총의 풍요로움'을 만끽하고 있다.

내가 지나친 걱정에서 **해방**된 계기

스콧 애블린

이 글을 쓰고 있는 지금까지 53년이라는 세월을 살아오면서 적지 않은 시간을 걱정을 하면서 보냈다. 그래서 얻은 것이 무엇일까? 이마에 주름이 늘어난 것 말고는 거의 없다. 4년 전쯤 나는 지나치게 걱정하는 것을 그만두었다. 아이러니한 것은, 내가 남들이 보기에는 더 심한 걱정에 휩싸일 법한 어떤 상황을 계기로 오히려 걱정에서 자유로워졌다는 사실이다.

2009년 여름, 나는 다발성경화증MS을 진단받았다. 정말 상상치도 못한 갑작스러운 일이었다. 어떤 주에는 한번에 6~8km를 달리는가 하면 그다음 주에는 발에 거의 감각이 없고 제대로 걸어 다닐 수도 없었다. 2010년 3월 나는 미국에 있는 큰 의과대학 부속 병원에서 실시하는 MS 신약 임상시험에 등록했다. 그 약 때문에 그해 12월, 내 간은 거의 기능을 상실한 상태가 되었다.

다행인 것은 요가를 만나게 된 것이다. 2010년 10월, 자리에서 일어날 만큼 기운을 차릴 수 있는 날에는 요가 수업을 들어보라고 아내가 내게 권유했다. 나 역시 뭔가 새로운 것을 시도해볼 필요가 있다고 느끼기는 했지만, 더운 스튜디오에서 진행되는 요가를 내 몸과 신경계가 감당할 수 있을지 걱정스러웠다.

첫 요가 수업 시작 직전에 나는 선생님을 한쪽으로 불러 다발성경화증이 있는데 괜찮을지 모르겠다고 걱정을 털어놓았다. 선생님은 걱정하지 말라고 했다. 다발성경화증을 앓는 사람들에게 요가를 가르쳐본 적이 있으며 그들도 아무렇지 않았다면서 말이다. 또 내가 일주일에 3일 요가 수업을 받으면 몸에 변화가 올 것이고, 일주일에 5일 요가 수업을 받으면 인생이 바뀔 거라고도 말했다.

나는 일주일에 5일을 선택했다. 선생님의 말이 맞았다. 요가로 내 삶이 바뀌었다. 이제 나는 공인 요가 강사가 되었고 거의 매일 요가를 하고 있다. 물구나무서는 동작과 두 팔로 땅을 딛고 온몸을 들어 올려 균형 잡는 동작도 거의 날마다 한다. 지난 몇 년 동안 평균 4주에 세 번 정도는 일 때문에 출장을 다니면서도 가족이나 친구들과 내 축복받은 인생의 시간을 함께 보내는 것을 절대 잊지 않았다. 같은 기간 동안 두 번째 책도 썼다. 《과로하고 지친 사람들을 위한 마음 챙김Overworked and Overwhelmed: The Mindfulness Alternative》이라는 책이다.

경영자들의 코치이자 리더십 교육 전문가로서 나는 많은 전문직

종사자들을 만난다. 그들은 매일 끊임없이 긴장해야 하는 생활과 이런 저런 업무에 압도되어 있다. 뭔가 놓치고 있지는 않은지, 아직 끝마치지 못한 일은 무엇인지, 또 어떻게 하면 뒤처지지 않을지 늘 걱정하고 불안해한다. 그들을 관찰하면서 또 내가 직접 경험해오면서 깨달은 점은 다음과 같다. 우리가 유일하게 통제할 수 있는 것은 주어진 상황에 어떻게 반응하느냐 또는 반응하지 않느냐 하는 것이다. 내 병은 나에게 이것을 일깨워준 훌륭한 선생님이었다.

다발성경화증이 생기면서 내가 깨달은 것은 그 어떤 순간도, 그것이 한 시간이든 하루든 한 주든 영구적인 상태로 있지 않다는 사실이다. 모든 것은 끊임없이 계속해서 변한다. 다발성경화증을 진단받고 나서 처음 몇 년간은 몸에 나타나는 모든 새로운 통증이나 뒤틀림이 건강이 더 악화되기 시작했다는 징후일까 봐 노상 걱정스러웠다. 몸과 마음은 강하게 연결되어 있어서 걱정을 많이 할수록 몸 상태가 더 안 좋게 느껴졌다. 프랑스의 사상가이자 수필가인 몽테뉴Montaigne는 이렇게 썼다.

> "내 인생은 불행으로 가득 차 있는 것처럼 느껴졌지만 대부분은 결코 실제로 일어나지 않았다."

이 말은 당시의 내 삶을 아주 잘 표현하고 있다.

일주일에 5~6일 요가를 하면서 깨달은 사실이 있다. 수업이 시작

될 때는 컨디션이 아무리 안 좋아도 수업을 마칠 즈음에는 거의 매번 훨씬 좋아져 있었다는 것이다. 몸이 변하면서 정신 상태도 변하기 시작했다. 특정 시기에 느끼는 신체적인 상태가 영구적인 것이 아님을 알게 되었다. 또 요가 매트 위에서 몇 시간 동안 땀을 흘리면서 내 감정과 컨디션을 스스로 결정할 수 있다는 것도 깨달았다.

인생에는 우리가 제어할 수 없는 것들이 너무도 많지만 거기에 어떻게 반응하고 행동할지는 우리가 선택할 수 있다. 나는 다발성경화증과 요가 수업을 통해, 긍정적인 마음가짐으로 살아가는 것이 앞일에 대해 부질없이 걱정하는 것보다 훨씬 더 생산적이라는 사실을 배웠다.

이런 내 발전이 어느 날 느닷없이 극적으로 일어났다는 인상을 주고 싶지는 않다. 그렇지 않기 때문이다. 발전은 거의 알아차릴 수 없을 만큼 조금씩 점진적으로 일어나며 그러다가 어느 날 돌파구처럼 변화의 순간을 맞게 된다. 그러면 그 돌파구는 삶의 새로운 틀이 되고, 점진적인 발전 과정이 또 계속되다가 그다음 돌파구를 만난다. 나는 이 과정을 굳게 믿게 되었고, 덕분에 걱정으로 가득한 삶에서도 벗어날 수 있었다.

요가 수련을 하고, 마음 챙김 명상에 더욱 전념하고, 자가 면역 체계에 좋은 음식을 섭취하는 덕분에 나는 날마다 행복하고 즐겁게 생활하고 있다. 2010년 말 신약 실험에서 빠진 이후 다발성경화증 약을 전혀 먹지 않았다. 이 병 때문에 힘든 날이 전혀 없다는 얘기가 아니다.

그런 날은 분명히 있다. 하지만 힘든 날은 지나가기 마련이라는 것을 깨달았다.

여기까지가 내가 다발성경화증 진단을 받은 이후 걱정에 휩싸여 지내지 않는 법을 깨닫게 된 과정이다. 우리 삶의 매 순간은 하루하루가 전부 다 그 자체로 소중하다. 나는 만성 질환에 걸리고 나서야 너무 많이 걱정할 필요가 없다는 교훈을 얻었다. 다른 사람들도 이 교훈을 얻기 위해 꼭 같은 병을 앓아야 할까? 그렇지는 않을 것이다. 하지만 자신에게 이런 병이 있다고 가정한다면 조금은 다른 삶을 살게 되지 않을까?

스콧 에블린
Scott Eblin

에블린 그룹Eblin Group의 공동 설립자이자 대표다. 에블린 그룹은 기업 중역들과 신진 리더들이 리더십 기술을 향상하도록 도와주는 전문성 개발회사다. 경영자들의 코치이면서 강연가이고 또 저자인 에블린은 세계 유수의 조직들에 속한 개인과 팀을 상대로 일한다. 그의 최근작 《과로하고 지친 사람들을 위한 마음 챙김》을 두고 베스트셀러 작가인 마셜 골드스미스Marshall Goldsmith는 "하루하루를 살아가는 방식을 근본적으로 변화시킬 책"이라며 극찬했다.

로버트 맥더피

완벽?
No!
행복?
Yes!

사람들에게 조언을 구하면 모순된 대답을 듣기 마련이다. 적어도 음악가로 살아온 내 인생에서는 그랬다. "만반의 준비가 되어 있어야 해. 최대한 연습을 많이 해"라는 조언 뒤에는 "지나치게 연습하지는 마. 연습실에서 진을 다 빼서 정작 무대에서는 자연스럽지 않을 거야"라는 말이 따라붙는다. 어떤 선생님이나 동료는 할 수 있는 모든 곡을 연주하라고 하는 반면, 다른 사람들은 정해진 곡과 레퍼토리에만 집중해야 청중에게 나의 음악적 정체성을 더 분명하게 전달할 수 있다고 주장했다.

솔로이스트로 수십 년간 경력을 쌓고 또 교육자로 10년 가까이 일하면서 50대로 접어든 뒤에야 직업적인 성공과 개인적 삶의 충만함을 얻기 위해 사람들에게 버리라고 꼭 조언하고 싶은 한 가지를 깨달았다. 그런데 그게 클래식 음악가의 입에서 좀처럼 나오기 힘든 말이다.

"완벽해지겠다는 욕망을 버려라."

당신은 이 말에 곧바로 반박하고 싶을 것이다. 눈앞에 있는 악보의 적절한 스타일에 맞춰 정확한 박자와 곡조를 지켜가며 연주하는 것이 클래식 음악의 핵심 아니던가? 그렇지 않다. 정확성도 중요하지만 그것은 전체 그림의 일부일 뿐이다. 음악은 점수에 따라 승리 선수나 우승팀이 결정되는 스포츠 경기와 다르다. 음악에서는 연주자가 악보에만 충실한 게 아니라 세부적인 뉘앙스와 통찰력, 즉흥성, 상상력까지 함께 발휘할 때 연주자와 청중 모두가 만족할 수 있다.

따라서 나는 곡을 연주할 때 정확하려고만 하지 말고 탁월해지려고 노력하라고 말하고 싶다. 또 삶에서는 100% 성공하는 것만이 의미 있는 성공이라는 생각을 버려야 한다. 95%만 성공해도 당사자뿐 아니라 가족, 친구, 동료들을 만족시킬 수 있기 때문이다. 비현실적인 기대를 떨쳐버리면 불가능한 목표를 이루려고 애쓸 때 생기는 스트레스에서 해방될 수 있다.

내가 이것을 어떻게 깨닫게 되었는지, 또 이 깨달음으로 음악가이자 교사로서 어떻게 더 행복해질 수 있었는지 이제부터 이야기하려 한다.

약 10년 전에 나는 소수 정예의 뛰어난 현악기 연주자들을 대상으로 하는 대학 수준의 교육 과정을 구상하기 시작했다. 내 고향인 조지아 주 메이컨(크기가 한국의 안동 정도 되는)에 있는 머서대학에 그런 과정을 개설하고 싶었다. 나는 줄리아드 음악 학교에 진학하면서 10대 이후로 뉴욕에서 살았다. 당시 내 고향에는 젊은이들을 위한 음악 전문학교 수준의 교육 프로그램이 없었던 것도 부분적인 이유였다.

내가 로버트 맥더피 현악 센터Robert McDuffie Center for Strings의 설립을 구상하면서 품은 비전은 이것이었다. 현악기 주자들이 최고 수준의 연주 실력을 익힐 뿐만 아니라 점점 더 복잡해지는 음악 산업에 대해서도 배울 수 있는 공간을 창조하는 것.

내가 음악가로서 경력을 시작했던 과거에는 클래식 음악 분야에서 공연, 녹음, 마케팅, 저널리즘, 사회적 성공과 관련된 상당히 안정적인 시스템이 존재했다. 하지만 오늘날 서구 사회에서 이 시스템은 사라지거나 아니면 무분별하게 확산된 인터넷과 대중문화의 소용돌이 속에서 산산조각이 났다. 내가 음악가로서 첫발을 내디뎠을 때는 함께 일할 에이전트와 홍보 담당자를 찾고 공연 및 녹음 계약을 계속 따내는 일만 신경 쓰면 되었다. 요즘의 신참 음악가들은 투철한 기업가정신을 갖추고 여러 가지 역할을 한꺼번에 해내야 한다. 독주자이면서 합주단의 일원이 되기도 해야 하고, 관리자이면서 공연 계약 에이전트, 때로는 음반회사 사장까지 겸해야 한다.

따라서 내가 줄리아드에서 받은 교육은 21세기 고등학교 졸업생들에게는 맞지 않아 보였다. 내가 받은 교육에서는 나중에 별로 유용하지도 않은 전통적인 교실 수업이 많았을뿐더러, 학생들에게 예술과 경력에 대한 전략적인 시각을 키워주는 인문학적 요소와 비즈니스적 요소도 없었다. 그리고 음악 학교에 다니면서 경영학 석사를 따는 것은 강한 성취욕을 지닌 극소수 인재들을 제외하고는 해당 사항이 없는 얘기였다. 내 후원자들과 나는 예술가들이 무대 안팎에서 성공하고, 생산적인 협력 관계를 육성하며, 바람직하지 않은 비즈니스 거래를 피할 수 있게 교육할 4년제 과정을 만들고 싶었다.

동료 음악가들과 후원자들, 그리고 머서대학 관계자들과 수년간 함께 머리를 맞대고 논의한 끝에 2006년, 우리는 드디어 첫 입학생들을 맞이했다. 메이컨의 학생들이 우리의 현악 센터를 채웠고 정상급 오케스트라와 실내악단에서 활동 중인 객원 교수들도 정기적으로 찾아왔다. 하지만 우리의 일은 아직 끝난 게 아니었다. 센터장으로서 훌륭하게 역할을 해낼 전(前) 오리건 교향악단 악장 에이미 슈워츠 모레티 Amy Schwartz Moretti도 영입했지만, 우리가 지향하는 비전에 맞춰 커리큘럼을 조정하는 작업은 아직 갈 길이 멀었다.

모든 대학에는 나름의 전통이 있다. 머서처럼 진보적이고 우호적인 분위기의 대학도 마찬가지다. 다양한 대학 자격 인정 기관들도 전통이 있었고, 우리 센터가 부분적인 독립체로서 부속되려고 하는 머서 음악 학교도 마찬가지였다. 학내 정치와 재정에 관한 상세한 이야기나 업무 관계상 개인적으로 경험한 시시콜콜한 일화는 생략하더라도, 나는 많은 관리자와 기관이 우리의 비전을 공유하길 꺼리는 것을 보고 적잖이 실망했다. 대부분 회의 때마다 무거운 긴장감이 흘렀고 나는 밤잠을 설치기 일쑤였다. 그런 상황에서 받는 스트레스로 삶의 다른 부분들까지 휘청거렸다. 내 연주 경력까지 위협받고 있었고, 가족과도 편안한 시간을 보낼 수가 없었다.

우리는 현악 센터를 연 초기에 일련의 멋진 성과를 거두었다. 머서 합창단과 함께한 크리스마스 공연이 전국 방송을 탔고, 애틀랜타 교향악단 음악 감독 로버트 스파노Robert Spano와 내 오랜 친구인 록그룹 R.E.M의 마이크 밀스Mike Mills와 함께한 갈라 콘서트도 성공적이었다.

우리는 센터 본부가 들어설 벨 하우스Bell House의 개조 작업에도 총력을 기울였다. 벨 하우스는 1855년 지어진 웅장한 건물로, 올맨 브라더스 밴드Allman Brothers Band의 1969년 데뷔 앨범의 재킷 사진 배경이기도 하다. 이런 몇몇 초기 성과들이 있었음에도 나는 센터가 변화하는 속도와 범위에 대해 여전히 조바심을 내며 마음속으로 안달복달하고 있었다.

그러다가 어느 순간 문득 깨달았다. 우리가 목표했던 일을 해냈다는 것을. 우리는 미국 전역과 세계 곳곳의 인재들을 불러 모았고, 학생들은 많은 걸 배우고 졸업하고 있었으며, 줄리아드나 커티스 출신의 젊은 음악가들과 겨루는 자리에서 당당히 이기기까지 했다. 하지만 가장 중요한 것은 우리가 아름다운 음악을 연주하고 있었고 젊은 연주자들을 성공의 길로 안내하고 있었다는 것이다.

때로 완벽을 향한 추구는 탁월함의 적이 될 수 있다. 개인이든 팀이든 기업이든 분명하고 달성 가능한 목표를 세우는 것이 더 중요하다. 그 목표를 이루고 나서 또다시 새로운 목표를 세우면 된다. '100% 성공'에 집착하다 보면 오히려 제자리걸음을 하게 될 수 있다.

"변하는 건 아무것도 없는 듯하네. 여전히 힘겨운 시간, 나는 달아날 수 없네"라고 그레그 올먼Gregg Allman이 첫 앨범에서 노래했다. 고풍스럽고 웅장한 벨 하우스 입구에 서 있는 올맨 브라더스 밴드의 사진이 재킷에 박혀 있던 그 앨범 말이다. 바로 그 같은 건물 안에서 우리 학생들과 동료들, 그리고 나는 계속해서 진화할 것이고 행복한 시간을 보내면서 미래를 향해 자신 있게 성큼성큼 나아갈 것이다.

로버트 맥더피
Robert McDuffie

그래미상 후보에 오른 음악가 맥더피는 솔로이스트로서 세계 여러 주요 오케스트라와 협연하는 무대에 서왔다. 머서대학에 있는 로버트 맥더피 현악 센터의 설립자이며, 이탈리아에서 열리는 로마 실내악 축제Rome Chamber Music Festival의 창안자다. 텔락과 EMI에서 나온 그의 음반들은 호평을 받고 있으며 R.E.M.의 멤버 마이크 밀스와의 협연이 계획되어 있다.

비워야 채울 수 있다

로렌스 카프론

이런 우연의 일치가 있을까? 이 책에 내 생각을 실을 수 있는 기회를 접했을 무렵 나는 "빼는 것으로 더하기: 고군분투하는 기업과 앞서 가는 기업이 행하는 사업 분할의 본질"이라는 제목의 기업 전략에 관한 논문을 심사하기 위해 듀크대학교 박사과정 위원회에 참여하고 있었다.

논문은 어떻게 기업이 자원 분할을 통해 경쟁적 지위를 강화하는지 고찰했다. 어려움을 겪고 있는 기업은 생존을 위해 회사의 일부를 매각해야 하지만, 앞서 나가는 기업 역시 선두 자리를 지키기 위해 일부 자원을 매각해야 할 필요가 있다. 최근 하버드 비즈니스 리뷰 출판사를 통해 출간한《성장하는 기업의 비밀Build, Borrow or Buy: Solving the Growth Dilemma》에서 나는 기업 매수에 뛰어난 회사들이 한편으로는 조직을 기민하게 유지하기 위해 쓸모가 다한 자원을 재편성하고 매각하는 일에도 능한 회사임을 보여주었다. 그에 반해 사업 분할 없이 계속 사들이기만 하는 기업은 비대해지고 분열해 결국 혼란에 휩싸이게 된다.

내가 내린 결론은 기업 분할(매각)을 긴축과 동일시하는 관습적인 시각과 대조를 이룬다. 어려움을 겪는 회사가 기업 분할을 통해 경영진의 관심과 재원을 가장 핵심적인 사업 문제를 해결하는 데 집중시킬 수 있는 것은 사실이다. 하지만 가장 성공적인 기업들도 성장 수단의 하나로 기업 분할에 의지한다. 경영진의 관심과 자원을 보다 가치 있는 기회에 투자하기 위해서 말이다.

이 아이디어를 되새기며 나는 내 연구 분야에서 얻은 교훈이 개인적인 그리고 직업적인 영역에서도 마찬가지로 의미가 있다는 사실을 깨달았다. 살아가면서 우리는 정서적, 지적, 재정적인 자원을 계속 부여받는다. 그러나 이런 자원은 갈수록 요구가 커져 급속히 남용될 수 있다. 건강, 지력, 사랑과 같은 주요 자산이 고갈되는 지점까지 사용되는 것이다.

성인이 되면서 우리는 점점 더 많은 책무를 떠맡게 된다. 자녀가 늘어나서 그럴 수도 있고 승진하거나 친구, 인맥, 지역사회 활동이 확대돼서 그럴 수도 있다. 그런 가운데 이전에 관여하던 부분을 단계적으로 줄여나가지도, 전에 정기적으로 하던 일을 중단하지도 못하는 경우가 생긴다. 그러면 흔히 '빼지 않고 더하기'만 하는 상황이 전개될 것이다. 해야 할 일이 불어날 게 분명하다.

하지만 그 모든 일을 다 할 수는 없는 법이다. 포기할 것은 포기해야 한다. 다양한 활동에 참여하는 과정을 다시 한 번 점검해보라. 덜어내거나 제하는 것이 없으면 결국 인간관계에서 좌절감을 느낄 것이다. 건강을 해치고 내적 동기를 약화시킬 것이다.

나의 세 아이들이든 내가 가르치는 학생들이든 그들의 성장에 기여하는 것이 내가 가장 중점을 두는 일이다. 나는 딸들이 원만하고 균형 잡힌 성인으로 성장하도록 돕기 위해 애쓴다. 내가 가르치는 경영자 과정 학생들에게는 경영 행위에 대해 더 심오한 사고를 하도록 돕기 위해 노력한다. 박사 학위 과정에 있는 학생들에게는 자신의 분야에서 인정받는 학자로 성장할 수 있도록 돕고 싶다. 내가 나누는 지식과 더불어 대부분의 중요한 가치는 내가 이같은 서로 다른 부류의 사람들과 구축하는 관계의 품질에서 비롯된다. 나는 그런 가치를 토대로 그들이 자신의 기대를 조정하고, 불안감을 극복하고, 회복력을 발달시키도록 도울 수 있다.

그러나 그들의 안위는 물론이고 성과까지 지나치게 신경 쓰다 보면 큰 부담으로 작용해 내가 가진 에너지와 낙관적인 사고까지 고갈되는 결과로 이어질 수 있다. 큰딸과 수학 숙제를 두고 다툰 뒤에 나는 그런 한계점에 도달한 적이 있다. 아이는 내가 기대하는 만큼 노력하려 하지 않았고 나는 그런 딸의 그저 그런 점수를 체념하고 받아들여야 했다. 큰딸과 싸운 일로 나의 주말은 엉망이 되었다. 나 자신과 남편,

나머지 어린 두 딸에게 써야 할 에너지가 바닥 나버렸기 때문이다.

그다음 주에 나이 지긋한 선배 교수에게 내가 겪은 좌절에 관해 이야기하자 그녀는 이렇게 말했다.

"부모로서 우리의 역할은 자녀들에게 다양한 활동과 기회를 접할 수 있게 해주는 거지. 그리고 거기까지야. 그 결과에 대한 책임까지 지려고 해서는 안 돼."

무언가 본질이 밝혀지는 결정적 순간이 아닐 수 없었다. 그녀의 통찰력은 내가 가장 아끼는 사람들을 대하는 방식을 바꿔놓았다. 나는 이제 더 이상 결과에 초점을 맞추지 않기로 했다. 과정에 집중하기로 했다. 내 아이들이든 내가 가르치는 학생들이든 내 의무는 그들이 과정에, 여정에 오르게 하는 것이다. 그들이 배울 수 있는 기회와 함께 나의 지식과 인맥을 제공하고 그들이 그런 과정을 통해 얻는 아이디어와 인맥, 기회를 재결합하도록 도우면 되는 것이다. 큰딸은 과외를 받는 과정을 마련해주고 지켜보기로 했다. 과외 수업을 제대로 활용할지 말지는 그 애가 결정할 일이다.

내가 경영을 가르치는 학생들을 위해서는 각 강의시간의 서두에 성찰 과정을 마련했다. 강의에서 배운 것을 자신의 비즈니스 상황에 적극적으로 활용하느냐 마느냐는 그들에게 달렸다. 박사 과정에 있는 학생들에게는 내가 할 수 있는 한 많은 학회에 참가하여 프로그램과 전문지식을 교환할 기회를 얻게 해주려고 노력한다. 아이디어와 조언, 연구의 맥락에서 다양한 근원으로부터 배우는 기회를 제공하려는 것이다.

이런 인생관을 채택한 이래 나는 마음이 훨씬 가벼워졌고 스트레스도 덜 받으며 강한 유대의 구축에 더욱 개방적이 되었다. 나는 내 아이들과 내가 가르치는 학생들이 자신의 성격 특성에 학습 기회를 자연스럽게 결합하는 과정을 거치며 서로 다른 결과를 낼 것이라고 생각한다. 결국 결과의 차이는 이런 학습 기회를 받아들이고 화답하고자 하는 개인의 의지에 대부분 기인하기 마련이다. 어떤 이들은 자신에게 주어진 과정을 최대한 활용할 것이고, 어떤 이들은 그렇지 않을 것이다. 지능도 어느 정도의 역할을 하겠지만 결국 가장 중요한 것은 의지와 에너지, 가치관이다.

로렌스 카프론
Laurence Capron

인시아드INSEAD에서 파트너십과 적극적 오너십 과정의 석좌 교수직을 맡고 있는 전략 전문 교수다. 카프론은 인수 합병과 제휴, 비즈니스 포트폴리오 성장 분야의 전문가로 손꼽힌다. 최근 W. 미첼Mitchell 교수와 공동으로 《성장하는 기업의 비밀》을 출간했다. 〈USA북뉴스〉에서 수여하는 2013년 국제 최고 도서상Best International Book Awards을 받은 이 책은 지금까지 한국어와 불어, 포르투갈어, 중국어로 번역되었다.

나다운 것,
그것으로
충분하다

페넬로페 트링크

우리에게 일정량의 잠재력이 있고 거기에 부응하면서 잠재력을 최대한 발휘하며 살아야 한다는 생각은 순 엉터리다. 자신의 잠재력을 발휘하지 못하며 살고 있다고 말하는 사람들은 인생을 산다는 것이 뭘 의미하는지 모르는 이들이다.

삶이란 아주 힘든 것이다. 우리 각자에게는 매 순간 의식적으로 생각하지는 않더라도 이런저런 기본적인 목표가 있을 것이다. 우선 아침에 잠자리에서 일어나는 것은 꽤 어려운 일이다. 그것은 근본적으로 낙관적인 마음이 만들어내는 행동이다. 우리가 사는 대부분의 나날은 행복으로 가득 차 있지 않다. 대신 뭔가 다른 것들로 가득 차 있다. 그런데도 우리는 매일 잠자리에서 일어난다. 오늘도 좋은 하루가 될 거라고 기대하면서. 이렇게 하는 것은 대단한 일이다. 일단 무조건 믿어보는 커다란 믿음의 도약이랄까? 나는 왜 더 많은 사람들이 자살하지 않을까 궁금할 때가 많지만 한 번도 그럴싸한 대답을 생각해내지 못했다.

우리에게 중요한 또 다른 목표는 영적이고 정신적인 것이다. 친절하며 좋은 품성을 키우고 타인을 존중하는 것. 당신은 아마 오늘의 할 일 목록에 이 말을 적어놓지 않았겠지만, 지금은 분명 이렇게 생각하고 있을 것이다.

'그래, 그렇게 하려고 노력해야겠어.'

우리 삶은 이미 해야 할 일로 가득하다. 예를 들어보자. 나는 방금 샌프란시스코에서 집으로 돌아가는 야간 비행기를 탔다. 하지만 사실 위스콘신 주 매디슨 같은 작은 도시까지 한 번에 가는 야간 비행기는 없다. 시카고까지 야간 비행을 한 다음에 새벽 5시에 깨는 곤욕을 치러야 하고, 거기서 대기했다가 아침 8시에 위스콘신행 비행기에 올라야 한다. 탑승구에 이를 때쯤이면 사람들에게 공손하게 대하는 것조차 나에게 남아 있는 모든 잠재력을 쥐어짜야 하는 일이라 할 수 있다.

잠재력을 최대한 발휘하며 산다는 것은 해야 할 일 목록에 있는 모든 일을 제때에 예산보다 적은 비용으로 해내는 것을 의미하지 않는다. 자신의 아이디어와 생각을 한껏 미화해 책 계약을 따내는 것을 뜻하지도 않는다. 정말이다. 그런 게 뭐 대수란 말인가. 우리는 그런 것을 하기 위해 이 세상에 태어난 게 아니다. 내 말을 믿어도 좋다. 아무도 그런 이유로 존재하지 않는다. 우리가 세상에 존재하는 목적은 가슴 따뜻하고 아름다운 인간이 되기 위해서다. 그것이야말로 우리가 실현해야 할 유일한 잠재력이다. 그런 연후에야 생계를 유지하는 일에 힘을 쏟아야 한다.

대개 자신의 잠재력을 최대한 발휘하지 못하고 있다고 투덜대는 사람들이 직업적으로 더 큰 성공을 거두지 못한다고 안달복달하는 것은 우연이 아니다. '잠재력을 최대한 발휘하려 애쓴다는 것'은 사실상 '나의 천재적인 재능을 인정받지 못하고 있다는 것'의 다른 표현이기 때문이다.

종종 이렇게 말하는 사람들이 있다.

"나는 학교 다닐 때 성적이 굉장히 좋았는데 왜 회사에서는 승진하지 못할까?"

답은 이것이다. 직장에서 원하는 바를 성취하고 성공하는 데는 사회성과 대인관계의 기술이 중요하기 때문이다. 학교에서는 그런 기술을 가르치지도 평가하지도 않는다. 만일 누군가가 형체도 없는 애매한 잠재력이라는 걸 최대한 발휘하고 싶다고 말하면서도 실제로는 그렇게 하지 못하고 있다면, 십중팔구 그 이유는 일터에서 충분히 친절하고 인격이 아름답지 못하기 때문이다.

만약 당신 안의 잠재력을 발휘하길 원한다면 최대한 친절하게 행동하라. 진심을 다해 타인을 존중하며 대하라. 가능한 한 자신에게 솔직해져라. 자신에게 정직하지 않으면서 타인에게 정직할 수는 없다.

잠재력에 못 미치는 삶을 살고 있다고 느끼는 사람들에게 나는 이런 조언을 해주고 싶다.

첫째, 잠재력을 발휘한다는 것이 망상임을 인식하라. 당신은 다른 누구도 아닌 바로 당신 자신이므로 당신답기만 하면 된다. 현실적이고 의미 있는 목표를 세워라. 친절해지기, 관계 맺기, 낙관적이 되기, 교감하기 등등. 잠재력 발휘 운운하는 대부분의 사람들은 이런 가장 중요한 것을 이야기하지 않는다.

둘째, 이 세상은 경쟁하는 곳이 아님을 인식하라. 경쟁이라는 말은 누구나 자기의 최고 역량 수준에 도달할 능력을 타고났다는 함의를 품고 있다. 경쟁하지 않는 사람은 자신의 타고난 역량이 어느 정도인지 신경 쓸 필요도 없다. 잠재력을 발휘한다는 데는 언제나 상대적인 의미가 있다. 당신이 잠재력을 발휘하고 싶다는 것은 다른 누군가의 코를 납작하게 만들 수 있다고 말하는 셈인데, 그다지 유쾌함을 자아내는 표현이 아니다. 세상을 경쟁의 장으로 보기를 멈추면 자신이 1등을 못 하는 이유도 궁금해질 일이 없다.

셋째, 자신이 엄마처럼 말하고 있음을 인식하라. "네 잠재력을 발휘하라"는 말은 초등학교 성적표에나 등장하는 문구다. 숙제를 더 열심히 하라는 엄마의 말과 다를 바가 없다. "네가 머리가 얼마나 좋은데. 왜 올 A를 받을 생각을 안 하니? 엄마를 좀 자랑스럽게 해줄 순 없겠니?" 하는 말처럼. 누군가가 "너는 네 잠재력을 발휘하고 있지 않아?" 라고 이야기한다면, 거기에 가장 적절한 대꾸는 "그래서 뭐가 어떻다는 건데?"이다. 그 사람은 우리가 이 세상에 기여해야 하는 것이 친절함이 아니라 다른 무언가라고 말하는 것이기 때문이다.

페넬로페 트렁크
Penelope Trunk

경력 관리를 돕는 온라인 코스를 제공하는 퀴스틱Quistic의 공동 창립자다. 퀴스틱은 트렁크의 네 번째 스타트업이다. 지금까지 그가 설립한 회사는 모두 공동체와 지역사회에 초점을 맞추고 있다. 그 자신도 직업적으로 다양한 길을 걸어왔고 그 경로는 블로그에 기록되어 있다. 새로운 세대의 일꾼들을 위해 직업에 관한 조언의 글을 쓰기 시작했는데, 경력 관리에 대해 쓴 저서가 베스트셀러가 되었고 운영하는 직업 관련 블로그도 많은 이들의 호응을 얻었다.

penelopetrunk.com

로버트 아우만

내일을 준비하느라 **오늘을 놓치는** 사람들

지나치게 사진을 많이 찍는 사람들. 그들은 미래를 사는 대표적인 예다. 사진 찍기는 미래를 위해 하는 일이다.

예전에 스페인에서 아주 열정적인 플라멩코 춤 공연을 본 적이 있다. 관능적이고 매우 아름다우면서도 감동적이었다. 공연장은 작은 편이었고 30명 정도의 사람들이 한 공간에 모여 있어서 퍽 친밀하게 느껴졌다.

그날 내 앞에 한 젊은 관광객이 앉아 있었는데, 그녀는 두 시간이나 되는 공연을 모두 비디오카메라에 담았다. 작은 카메라 화면에서 단 한 순간도 눈을 떼지 않았다. 진짜 아름다운 공연은 그 조그만 화면 안이 아니라 무대 위에서 펼쳐지고 있는데 말이다! 딱하게도 그녀는 미래를 사느라 훨씬 더 풍요롭고 멋진 현재를 놓쳐버렸다.

우리 가족에게도 비슷한 예를 볼 수 있다. 우리는 이런저런 친지가 100명이 넘는 대가족이다. 우리는 매년 가족 모임을 가진다. 그런데 매번 모일 때마다 다음번 모임에 대한 계획을 짜느라 상당히 많은 시간을 보낸다. 그러지 말고 그냥 현재를, 사랑하는 이들과 함께 있는 순간을 즐기면 안 될까?

로버트 아우만
Robert Aumann

1956년 예루살렘히브리대학교 수학과에 합류해 지금까지 교수로 재직하고 있다. 1990년 세워진 합리성 연구소Center for Rationality의 창립 멤버다. 이곳은 학제간 연구센터로 게임 이론에 집중하고 있으며, 10여 개가 넘는 다양한 학과의 회원들이 참여한다. 아우만은 90편이 넘는 과학 논문과 6권의 책을 썼으며 프린스턴대학교, 예일대학교, 스탠퍼드대학교의 객원 교수다. 2005년 노벨 경제학상을 포함해 많은 상을 수상했다.

8

잠시 꺼두셔도 좋습니다

이메일의 **받은편지함**에 굴복하지 마라

게리 켈러&제이 파파산

살아가면서 한 가지 나쁜 버릇만 없애면 우리 대부분은 생산성의 비약적인 발전을 경험할 것이다. 끊임없이 이메일을 확인하는 버릇 말이다. 이메일을 여는 순간 우리는 다른 사람의 어젠다를 우리 삶에 끌어들이게 된다. 또한 가장 생산적인 시간도 낭비하게 된다.

여타의 많은 교훈들처럼 이 교훈도 힘겨운 과정을 겪고 나서야 터득했다. 하루 종일 두서없이 잡히는 미팅 스케줄로 일에 집중하기도 어려운 상황이었다. 그런데도 이메일 답장을 보내기에 바빠 도무지 일을 끝마칠 시간을 내지 못했다.

연구조사에 따르면 하루를 시작하는 이른 아침에 우리의 심신은 가장 최상의 상태에 이른다고 한다. 특출한 성과를 내는 비결은 이른 아침 시간을 이용해 자신의 '원씽(ONE Thing, 가장 중요한 사안)'에 가급적 3~4시간 연속해서 집중하는 것이다. 이메일을 확인하고 답장하는 일은 나중에 해도 충분하다. 그럼에도 우리는 이메일 받은편지함부터 열고는 가장 중요하며 가장 큰 성과를 안겨줄 일에 집중할 수 있는 우리의 능력을 허비한다.

아침에 이메일을 확인하고 답장하는 것은 생산성을 떨어뜨릴 뿐 아니라 답장을 바라는 사람들에게도 나쁜 습관을 갖게 하는 일이다. 친구나 동료들 역시 우리가 이메일에 답하는 습관에 익숙해지기 때문이다. 그들이 합당한 기대를 하도록 조처하고 그 귀중한 시간을 산만해지지 않게 만들라. 그러면 우리는 한층 자유롭게 사업과 인생에 가장 큰 영향을 미치는 문제를 돌볼 수 있다.

우리 회사에서는 현장 근로자에서부터 최고 경영진까지 이런 접근방식을 채택해 큰 성공을 거두었다. 전 부서가 운영 방법을 재고한 이후 전례 없는 성과를 보고하고 있다. 팀원들은 그들의 원씽에 집중할 때에는 문 앞에 "방해하지 마시오"라는 팻말을 내건다. 이는 동료들에게 당장 이메일 답장을 바라지 말라는 뜻을 전하는 것이기도 하다.

칸막이로 구분된 공간에서 일하는 직원들은 커튼을 치거나 차단막을 설치해 집중에 방해되는 요인을 최소화하고 현재 진행하는 업무의 중요성을 다른 사람들에게 알린다. 조직 전반에 걸쳐 임직원들은 벙커 마인드를 갖추고 늘 준비 태세를 취하며 이메일 알림 등과 같은 방해 요소를 차단하고 가장 중요한 업무에 철저하게 몰두한다. 원씽에 대한 이런 전사적인 헌신이 팀워크를 육성하고 생산성을 증진했다.

아직 오전 시간에 이메일을 확인하는 일을 전적으로 중단할 준비가 되어 있지 않더라도 방해받는 것을 최소화하고 성과는 극대화할 수 있는 해법이 있다. 출근 전 집에서 이메일을 훑어보는 방안이 그것이다. 이렇게 하면 불안한 마음을 털어내는 동시에 여전히 가장 중요한 일에 집중할 수 있는 여유를 갖게 된다. 더불어 사무실에 도착하자마자 완전 생산 모드에 돌입하는 습관이 몸에 배게 될 것이다.

또 다른 방법은 시간을 설정해놓는 것이다. 20분 뒤에는 이메일 창을 닫고 하루 일과 중 가장 중요한 일에 집중하겠다고 다짐하는 식으로 말이다. 그렇다면 자신의 원씽은 어떻게 식별하면 좋은가? 이른바 '초점 탐색 질문Focusing Question'이라는 것을 스스로 던져보면 알 수 있다.

"어떤 과업을 수행해야 다른 모든 일이 더 용이해지거나 불필요해지는가?"

이에 대한 답을 찾자마자 바로 그 일에 착수하라. 수년간의 연구조사와 최고 성과를 내는 사람들과의 수많은 인터뷰를 통해 우리는 시간을 가장 잘 활용할 수 있는 단순하면서도 믿을 만한 전략을 알게 되었다. 바로 자신의 인생에서 가장 중요한 원씽을 찾는 것이다. 이를 완수하는 데에는 늘 시간적인 제약이 따르기 마련이다. 따라서 이메일과 같은 방해 요인으로부터 시간을 보호해야 한다.

이렇게 지킨 시간을 최대한으로 활용함으로써 우리 모두는 삶에 의미를 더할 수 있다. 이메일의 받은편지함에 굴복하지 마라. 당신을 보기 드문 성과로 이끌어줄 원씽에 집중하라.

게리 켈러
Gary Keller
&
제이 파파산
Jay Papasan

켈러는 북미 최대 부동산 프랜차이즈인 켈러 윌리엄스 리얼티Keller Williams Realty의 공동 창립자 겸 회장이며 《원씽The ONE Thing: The Surprisingly Simple Truth Behind Extraordinary Results》을 비롯하여 몇 권의 베스트셀러를 집필한 작가다. 언스트&영Ernst & Young이 선정하는 올해의 사업가상Entrepreneur of the Year Award을 받았고, 〈잉크매거진Inc. Magazine〉 선정 올해의 기업가 최종 후보에 오르기도 했으며, 비즈니스 리더로 널리 인정받고 있다.

파파산은 켈러 윌리엄스 출판부 부사장으로 켈러와 함께 《원씽》을 공동 집필했다. 켈러윌리엄스대학의 석사 학위 과정 교수로도 활발한 활동을 펼치는 한편, 아내 웬디Wendy와 함께 텍사스 오스틴에서 부동산 투자회사를 성공적으로 운영하고 있다.

트위터와 **페이스북**이 없었던 날들

라일 오웨르코

우리의 일상에서 제거할 수 있는 한 가지가 있다면 과도한 커뮤니케이션의 소음일 것이다. 오늘날의 초고속 종족들은 주목받고자 하는 것 말고는 다른 어떤 외견상의 목적도 없이 어마어마한 양의 사소한 데이터를 놀라운 속도로 송신한다. 커뮤니케이션을 위한 도구가 단순한 보유 물품 수준에서 자기만족의 수단으로 바뀌고 있다.

뉴욕에서 제대로 된 콘서트에 가본 적이 거의 없었는데 최근 아늑한 콘서트홀에서 열리는 국제적인 공연을 볼 기회가 있었다. 심오한 공연을 보게 돼 마음이 설렌 나는 휴대전화을 꺼서 재킷 호주머니에 넣은 뒤 재킷을 접어 의자 밑에 밀어 넣었다.

이후 두 시간에 걸쳐 다문화 여성 연주자가 그 자리에 참석한 청중을 향해 혼이 담긴 놀라운 공연을 펼쳐 보였다. 하지만 청중들은 곳곳에서 셀카 사진을 찍기에 여념이 없었다. 사실 나는 이런 상황에 익숙하다. 밀도 높은 대기 속에 화려한 록이 흘러넘치며 휴대전화 불빛의 홍수를 무색하게 만드는 록 콘서트에는 익숙하다는 얘기다. 하지만 그곳은 공연 전에 촬영 금지 방침을 알리는 정식 콘서트홀이었다. 한때는 규범으로 여겨졌던 이 방침을 무시하는 사람이 한둘이 아니었다. 나는 연주자와 다른 관객 그리고 한때는 일반 규칙으로 여겨지던 사항을 완전히 무시하고 자리에서 돌아앉아 셀카를 찍어대는 사람들을 망연자실 바라보았다. 이런 행동에 대해 가볍게 비난하는 것으로 그치지 말고 근본적으로 뒤집는 조치를 취해야 한다는 생각이 들었다.

나는 셀카 같은 것을 자제하고 좀 더 이타적으로 행동하도록, 또한 그런 행동방식을 일상화하도록 호소하고 싶다. 예컨대 "고기 안 먹는 월요일"에 전 세계적으로 호응하는 것이나 가뭄에 시달리는 도시 지역에서 저수량을 지키기 위한 지역 활동의 하나로 잔디에 물주기를 자제하는 것처럼 여기에서도 얼마든지 긍정적인 결과를 도출할 수 있으리라 본다.

어렸을 때 사람들이 집집마다 '욕 항아리'를 두고 있었던 것을 기억한다. 가족 중에서 누군가 나쁜 단어를 사용하면 벌금을 내게 하기 위해 마련한 항아리였다. 이를테면 나쁜 단어 하나 당 1달러씩으로 벌금을 정했다. 벌금은 바람직한 행동을 장려하기 위해 부과되었고 확실히 공동체 의식을 조성케 했다. 지금 여기서 개진하고자 하는 아이디어는 오늘날의 소셜미디어 풍광을 도마 위에 올려놓고 자기도취적인 행동방식의 일부라도 선행으로 대체해보자는 것이다. 셀카를 조금 자제하는 것만으로도 많은 바람직한 결과를 끌어낼 수 있다. 수준을 더 높여 일주일에 하루를 소셜미디어 없이 지내는 날로 정하자는 아이디어를 퍼뜨리는 것도 괜찮을 것 같다.

나는 이미 개인적인 차원에서 실제로 이 아이디어를 일상에 적용하고 있다. 그리고 페이스북이나 인스타그램을 끈 날에는 나의 사고가 높은 생산성을 보이던 예전처럼 풍성하게 살아난다는 것을 알게 되었다. 내가 최상의 집중력을 발휘해 세상에 선보인 작품 대부분은 페이스북이나 트위터가 존재하기도 전에 작업했던 것들이다. 이 아이디어를 적용하는 방식에 관련해 나름의 제안을 덧붙이자면 다음과 같다.

셀카 사진이나 음식 사진을 올려야 한다면 그런 사진 한 장 한 장에 대해 자체적으로 세금을 부과해보라. 셀카 사진을 올릴 때마다 집단 괴롭힘이나 폭식증 문제를 해결하기 위해 애쓰는 자선 단체에 1달러씩 기부하는 식으로 말이다. 또는 음식 사진을 올릴 때마다 기아 퇴치 자선 단체에 1달러씩 기부하는 의미심장한 방법은 어떤가? 자신의 욕구를 채우는 행동을 하는 경우 그것을 상쇄하는 선행이 이어져야 마땅하다. 탄소 배출량만큼 환경 부담금을 내는 것과 아주 흡사한 논리다.

우리는 이렇게 소셜미디어 활동을 근본적으로 재프로그래밍함으로써 세상을 변화시킬 수 있다. 단순하지만 훨씬 더 큰 인과관계를 낳는 생각과 행동이 엄청난 반응을 야기할 수도 있다.

라일 오웨르코
Lyle Owerko

뉴욕을 거점으로 활동하는 유명한 사진작가이자 영상 제작자다. 2001년 9·11 테러 당시 그가 찍은 월드트레이드센터의 처참한 사진이 〈타임〉지 표지에 실렸으며, 훗날 오바마 대통령으로부터 실로 "놀라움에 숨이 멎는 듯했다"는 평을 들었다. 전미 잡지편집인협회American Society of Magazine Editors는 이 이미지를 "지난 40년간 가장 중요한 잡지 표지 40건" 중 하나로 선정했다. 또한 순수미술 포토저널리스트로서 업적을 인정받아 핫셀블라드 카메라Hasselblad Cameras가 선정하는 핫셀블라드 마스터Hasselblad Master로 지명되기도 했다.

www.owerko.com

톰 챗필드

고독이 필요한 시간

나는 카페에서 책을 읽고 집에 막 돌아와 이 글을 타이핑하고 있다. 글을 어떻게 써내려갈지 아이디어를 얻는 곳이 카페다. 흔히 나는 이런 식으로 아이디어를 얻는다. 따뜻한 커피 한 잔을 옆에 두고 책을 읽으며 마음에 드는 문장을 마주치면 밑줄을 치고 여백에 메모하면서 책에서 시선을 떼고 잠시 주변을 둘러보면서 말이다.

나에게 좋은 글을 쓰기 위한 출발점은 좋은 책을 읽는 것이다. 이를 위해서는 특정한 시간과 공간이 필요하다. 또 그런 시간과 공간을 확보하려면 휴대전화와 태블릿, 노트북을 집에 두고 나가야 한다. 어수선한 디지털 기술에 접속하고 있을 때와 그렇지 않을 때 나의 사고와 감정이 완전히 다르다는 것을 깨달았기 때문이다.

테크놀로지가 무조건 해롭다는 뜻이 아니다. 하지만 끊임없이 인터넷에 연결되어 있는 라이프스타일의 심각한 문제는 점점 모든 시간과 공간이 똑같아져 간다는 점이다. 똑같은 수신함, 똑같은 소셜미디어, 똑같은 프로젝트와 가능성, 똑같은 음악과 비디오 목록, 똑같은 게임, 게임에서 다음 레벨로 올라가려는 똑같은 충동.

나는 테크놀로지를 사랑한다. 내 정신을 풍요롭게 하고 시야를 넓혀주며 나를 다른 이들과 또 그들의 창작물과 연결해주는 기술의 무한한 힘이 좋다. 하지만 무언가를 진정으로 사랑한다는 것에는 선택의 자유도 포함된다고 믿는다. "Yes"뿐 아니라 "No"라고도 말할 수 있는 자유, 지나치게 의존적이고 성찰 없는 습관적인 관계가 아니라 신중하고 분별 있는 관계를 만들어가는 자유도 필요하다.

우리는 디지털 기술과 점점 더 친밀해지고 있다. 스마트폰은 우리의 소유물 중에 가장 신성하고 개인적인 것이 되었다. 스마트폰이 손끝에서 멀어지는 순간이 거의 없다. 아침에 잠에서 깨 처음으로 만지는 물건도, 밤에 잠들기 전 마지막으로 만지는 물건도 스마트폰이다. 스마트폰은 우리의 비밀을 지켜주고, 사람들과 연결해주며, 가장 관심 있어 하는 것들을 좇게 해주고, 몇 번의 터치만으로 원하는 정보나 연예, 오락, 정답을 가져다준다고 약속한다.

하지만 우리가 스마트폰과 맺는 관계가 언제나 건강하고 균형 잡힌 것만은 아니다. 스마트폰을 사람이라고 하면 그가 우리의 신뢰를 남용하고 있다고 생각할 수 있다. 스마트폰이 자신에 대한 우리의 애정과 요구, 의존성을 이용하는 것이다. 그러므로 잠시 멈춰서 이렇게 말할 필요가 있다.

"아무래도 혼자 있을 시간이 좀 필요해. 내 생각을 정리하고 매 순간 나의 관심을 바라는 네가 없는 채로 사람들도 만나봐야겠어. 우리 서로 좀 더 떨어져서 지내보자."

테크놀로지에서 벗어난 시간을 내 일상에 확보하려는 노력은 분별력과 자유를 얻고자 하는 행동이다. 나의 시간과 공간을 단조로운 무엇으로 만들어버리는 상시 연결성을 끊어버리는 행동이다.

여기 아주 중요한 질문이 하나 있다. 세상을 자유롭게 바라볼 때 당신 마음속에는 어떤 생각이 떠오르는가? 정신이 자유롭게 흐르도록 그냥 놔둘 때, 상상의 날개를 펴고 그것이 이끄는 어느 곳이든 따라갈 때 무슨 생각이 드는가? 환한 컴퓨터 화면에 뭔가 주목해야 할 대상이 끈질기게 남아 있는 한 당신은 이 질문에 결코 답할 수 없을 것이다.

몇 년 전, 평소 휴대전화를 넣어두는 바지 왼쪽 주머니 부근에서 문자나 이메일 도착을 알리는 '유령' 진동을 느꼈다. 실제로는 문자가 오지 않았는데도 피부에서 부르르 하는 떨림을 느꼈고 자동으로 불안 반응도 일었다. 마치 몸과 마음이 동시에 신경 경련을 겪는 것 같았다. 요즘 이런 현상을 겪는 것은 나뿐만이 아니리라.

이는 언제든 온라인과 접속 가능해야 한다는 생각이 우리에게 얼마나 깊이 배어 있는지 보여준다. 어떤 일을 하든, 마음 한구석에서는 누군가와 접촉의 진동을 기다린다. 우리 곁에 있는 것으로부터 주의를 돌리게 만드는 메시지의 도착을. 그 주의가 향하는 방향은? 친구, 가족,

동료, 스팸 메일, 위기 상황, 오락거리, 뉴스, 구매할 물건, 파격 세일, 그리고 우리의 마음과 시간을 빼앗으려는 온갖 것들로 향한다.

나는 전자기기가 가져다주는 모든 편의와 이로움을 좋아하지만, 그것들이 내 모든 시간을 잠식하는 것은 원치 않는다. 과거 그 어느 때와 비교도 되지 않는 멋진 시대를 만들어준 기술, 그것이 준 선물이 나를 구속하는 족쇄로 변하는 상황을 결코 원치 않는다.

그래서 여건이 허락한다면 집에 휴대전화를 두고 한 시간씩 외출한다. 좋은 책을 읽고 향긋한 커피를 마시며 세상 돌아가는 것을 보고 내 마음이 이리저리 떠돌게 놓아둔다. 당신이 지금 읽고 있는 것과 같은 짧은 에세이도 노트에 적는다. 그러고 나서 내가 쓴 글을 세계 많은 이들과 공유할 수 있게 해주는 기기들에 감사하며 돌아온다.

제발 테크놀로지를 싫어하거나 두려워하지는 말기를. 대신 가끔은 거기서 벗어남으로써 테크놀로지를 현명하게 사랑하라. 이따금 그냥 집에 두고 나오거나 전원을 꺼놓아라. 그래서 당신이 방해받지 않을 수 있는 특정한 공간과 순간을 만들어라.

지금 당장 시도해보라. 이 글이 열려 있던 책이나 태블릿, 어떤 것이든 내려놓고 세상과 접속 가능한 것은 무엇이든 전원을 끄고서, 마음속에 떠오르는 것들에 주의를 돌려보라. 그렇게 당신이 창조한 공간과 시간 속에서 당신의 생각은 온전히 당신 것이 된다.

톰 챗필드
Tom Chatfield

영국의 작가이자 평론가이다. 최근작 《인생학교: 시간How to Thrive in the Digital Age》과 《네티몰로지Netymology》를 포함해 디지털 문화를 분석한 책 5권을 저술했고, 20개국이 넘는 나라에서 번역되었다. 챗필드는 게임과 앱, 인터랙티브 미디어의 콘텐츠를 만들고 디자인하며, 세계의 여러 주요 기술회사와 작업해왔다. 과학 기술과 예술, 미디어를 주제로 한 강연과 방송 활동도 한다.

살면서 내가 내린 가장 **현명한 결정**

시저 쿠리야마

우리는 자신을 봐달라고 아우성치는 것들에 둘러싸여 살아간다. 가족, 친구, 일, 낯선 타인들, 심지어 이런저런 전자기기까지도.

20년 전에 나는 지극히 평범한 소년이었다. 아침이면 학교에 가고 집에 돌아오면 숙제를 했다. 숙제가 끝나면 여느 또래 아이들과 별반 다르지 않게 시간을 보냈다. 친구들이랑 운동을 하거나 TV나 영화를 보거나 만화책을 읽거나 비디오게임을 했다. 전부 다 내가 좋아하는 것이었다.

학교생활도 잘해서 모범생에 속했다. 거의 날마다 공원에서 농구를 했고, 인기 있는 TV 프로그램이나 새로 개봉한 영화를 줄줄이 꿰고 있었다. 전문가 수준은 아니라도 만화책에 나오는 인기 캐릭터들의 역사에도 꽤 빠삭했다. 그리고 닌텐도나 세가 제네시스로 비디오게임을 즐겨 했는데 실력도 상당히 좋은 편이었다.

나는 호기심이 많은 타입이었기 때문에 점점 더 자랄수록 새로운 뭔가를 알게 되면 꼭 시도해보거나 더 깊이 파고들고 싶은 생각이 들었다. 그런데 관심사의 종류가 많아질수록 그것들 모두를 따라가기가 점점 어려워졌다.

정확히 말하자면 호기심이 많긴 하지만 모험심까지 철철 넘치는 성격은 아니었다. 사실 자라면서 접한 환경과 교육방식 탓인지 모험을 감수하거나 새로운 일을 시도하는 것은 늘 두려운 일이었다. 하지만 시간이 흐르고 어느 시점이 되자 막상 새로운 것을 과감히 시도해보면 어느샌가 두려움이 사라진다는 사실을 깨달았다.

두려운 마음을 밀쳐내고 시도한 것을 후회해본 적이 거의 없다. 그렇게 되기까지는 적지 않은 시간이 걸렸지만 이제 나는 안전한 길만 고수하기보다는 미지의 것, 새로운 것에 기꺼이 도전하는 사람이 되었다. 물론 지금도 마음속 두려움을 떨쳐내기 위해 자신을 한참 다독거려야 할 때도 많다.

대학을 졸업할 무렵 사진, 영화 제작, 애니메이션, 디자인 등 내가 좋아하는 것들이 굉장히 많아졌다. 그런데 어떤 것들에 대해서는 더 이상 박식하지 않다는 사실도 깨달았다. 고등학교 시절에는 모든 NBA 농구팀의 선수들 이름을 달달 외웠다. 심지어 코트에서 거의 뛰지 않는 신인 선수의 이름까지도 말이다. 하지만 대학 졸업 즈음에는 모르는 이름의 선수들이 허다했다. 예전과 달리 농구 경기도 자주 보지 않았다. 밤마다 스포츠 전문 채널을 틀어놓고 주요 경기 결과를 체크하는 일도 없어졌다. 친구들이랑 얘기를 나누다 보면 스타 선수가 이적했다는 뉴스나 경기 중 부상당했다는 소식을 나만 모를 때가 많았다. 나는 스포츠에 예전만큼 많은 시간을 할애하지 않았다. 왜 그렇게 됐을까? 당시에는 그 이유를 나도 인식하지 못하고 있었다.

세월이 흘러 사회에 나온 나는 광고 회사에서 일하는 직장인이 되었다. 어찌나 바빴던지 일주일에 100시간이나 일하는 때도 많았다. 항상 마감일에 쫓겼다. 일 말고는 다른 것을 생각할 틈이 없었다. 어느새가 일이 삶의 거의 전부를 차지하고 있어서, 쉬는 날이 되어도 막상 뭘 해야 할지 막막해지곤 했다. 휴일이면 대개 피곤함에 지친 심신을 쉬기 위해 친구들을 만나거나 TV와 영화를 보거나 그도 아니면 비디오게임을 했다.

그즈음 나 자신에게 진지한 질문을 문득 던져보았다. 나는 내 삶에 만족하고 있는가? 대답은 "No"였다. 틀에 박힌 생활, 창의적 불꽃이라고는 눈곱만큼도 찾아볼 수 없는 인생, 이것이 그때의 내 삶이었다. 직장에서 하는 일의 대부분도 즐거워서 하는 게 아니었다. 나만의 창의적인 아이디어를 만지작거릴 시간도 없었다.

그렇게 살 수만은 없었다. 그래서 어느 날 용단을 내렸다. 그날도 평소와 다름없이 퇴근하고 녹초가 된 몸으로 밤늦게 집에 돌아왔다. 나는 일을 잊고 스트레스를 날려버리기 위해 비디오게임기 앞에 앉았다. 두 시간쯤 게임을 하고 침대에 누웠을 때 이런 생각이 들었다. 게임을 하는 동안은 분명 이런저런 잡생각을 잊을 수 있고 즐겁기도 하지만, 그 시간을 나만의 아이디어를 발휘하는 창의적인 작업에 쏟는다면 어떨까? 비디오게임에 몰입한 그 순간에는 재밌지만, 끝나고 나면 남는 것도 없고 의미 있는 만족감도 없지 않은가? 머릿속에 찰칵하고 불이 켜진 듯한 기분이었다. 그 순간 나는 결심했다. 비디오게임을 끊기로, 그리고 대신 그 시간에 나만의 창작물을 만드는 작업에 몰두하기로. 그것은 내가 살면서 내린 가장 현명한 결정 중의 하나였다.

회사 일의 살인적인 스케줄 때문에 나만의 여유 시간을 많이 확보하기는 사실 힘들었다. 하지만 최대한 틈이 날 때마다 뮤직비디오를 만드는 작업을 진행하기 시작했다. 퇴근하고 파김치가 된 몸으로 집에 돌아와 뭔가 다른 일에 집중한다는 것은, 정말이지 보통 어려운 일이 아니었다. 차라리 아무 생각 없이 비디오게임이나 하는 편이 훨씬 더 쉽다. 하지만 몸은 힘들어도 내가 느끼는 만족감은 굉장했다. 정말로 좋아하는 무언가를 직접 창조해내고 있다는 그 희열이란! 전적으로 나만의 창의성을 발휘해 원하는 방향으로 밀고 나가며 무언가를 완성해가는 그 기분은 경험해보지 않은 사람은 모른다.

뮤직비디오를 완성하기까지 1년이 넘는 긴 시간이 걸렸지만, 다

완성됐을 때 내 안에서는 말할 수 없는 희열과 행복감이 차올랐다. 인생을 통틀어 손가락으로 꼽을 만큼 몇 번 안 되는 행복한 순간이었다. 그 뮤직비디오는 인터넷을 통해 입소문이 퍼지면서 많은 사람에게 인기를 얻었고, 내게 생각지도 못한 여러 기회를 가져다주는 계기가 되어 지금의 나를 만드는 데 중요한 역할을 했다.

나는 즐겨 했던 무언가를 포기하고 그보다 훨씬 더 좋아하는 것을 선택했다. 훨씬 더 보람되고 훨씬 큰 만족감을 안겨주는 것을. 점점 나이가 들면서 스포츠 경기 결과에 관심이 서서히 사그라졌던 이유가 무엇일까? 스포츠가 싫어졌기 때문이 아니다. 그것은 바로 스포츠보다 훨씬 더 열정을 쏟고 싶은 대상을 발견했기 때문이었다. 그리고 그 대상들은 점점 더 내 삶의 많은 부분을 차지하기 시작했다.

살면서 어느 시점에 이르자 내가 '사랑하는' 일이 단순히 '좋아하는' 일을 이기게 된다는 사실을 깨닫게 되었다. 자연스럽게 나는 미치도록 좋은 일에 먼저 시간을 할애하고 나머지 일들에서는 관심을 돌리고 있었다.

누구나 다 비디오게임을 그만둬야 한다는 얘기가 절대 아니다. 나는 비디오게임을 통해 상당히 커다란 즐거움을 얻고 스트레스를 푸는 사람들이 많다는 사실을 잘 안다. 다만 내가 하고 싶은 얘기는, 나도 비디오게임이 무척 재밌기는 하지만 내 한정된 시간을 훨씬 더 의미 있게 보낼 수 있는 다른 방법을 발견했다는 사실이다.

요즘 같은 세상에서는 전자기기에 끌려다니는 삶을 살기 십상이다. 틈만 나면 페이스북을 확인하고, 트위터를 들여다보고, 그런 다음엔 이메일과 인스타그램을 체크한다. 그러고 나서 또다시 페이스북에 들어가 그사이 새로 올라온 글이 없는지 확인한다. 이런 생활 사이클이 계속해서 반복된다. 소셜미디어는 분명 우리에게 큰 즐거움을 준다. 하지만 잊지 마라. 세상에는 그것 말고도 우리가 할 수 있는 일들이, 훨씬 더 큰 행복감을 느낄 수 있는 일들이 너무나도 많다는 것을.

나는 5년 전에야 자전거를 배웠다. 지금 자전거는 나의 가장 중요한 교통수단이다. 얼마 전에 처음으로 장장 120km에 이르는 자전거 여행을 무사히 끝냈고 내년에는 160km 여행에 도전해볼 생각이다. 자전거가 내 삶에 이렇게 커다란 행복을 주게 되리라고는 옛날에는 상상도 하지 못했었다. 그 행복을 만나기 위한 첫 단계는 처음에 자전거 배우기를 시도한 것이었다.

이 세상을 보라. 거기에는 우리가 만나고 경험할 수 있는 것들이 '무궁무진'하다. 어찌 그 멋진 기회들을 무심히 차창 밖 풍경 지나치듯 그냥 흘려보낸단 말인가. 자꾸만 더 많은 걸 시도해야만 당신에게 가장 큰 행복을 가져다주는 것을 발견할 수 있다. 그리고 운이 좋다면, 당신이 미치도록 좋아하는 동시에 탁월하게 잘하기도 하는 일을 만나게 될지도 모른다.

시저 쿠리야마
Cesar Kuriyama

창의성 개발자, 감독, 프로듀서, 사업가, 애니메이터, TED 강연가, 3D VFX 아티스트, 교육전문가이다. 쿠리야마의 고객으로는 허쉬, BMW, 버라이즌, 질레트, 미국 프로미식축구연맹NFL 등이 있다. 그가 직접 제작한 작품은 인터넷에서 수백만 건의 조회 수를 기록했으며 CNN, 〈뉴욕타임스〉 등 여러 매체에 보도되었다. 뉴욕대학교와 모교인 프랫 인스티튜트Pratt Institute에서 강의했다. '매일 1초씩1 Second Everyday'의 개발자다.

무의미한 소음에서 **의미 있는 신호** 찾기

타마르 와인버그

우리는 상호 접속이 포화 상태인 세상에 살고 있다. 친구들은 트위터와 페이스북에서 별 의미 없는 말을 떠들어대고 인스타그램에는 우스꽝스러운 사진을 올린다. 친구들이 하는 이런 소박한 친밀함의 표현이 고마울 수 있고 나 역시 그렇게 여기지만, 이런 소음들에만 집중하면 의미 있는 신호를 놓칠 수 있다.

안타깝게도 삶에 신호가 부족하다는 것은 우리가 전인격적인 면에서 부족해질 뿐만 아니라 더 어리석어지고 있다는 의미다. 인터넷상의 별 의미 없고 시시콜콜한 단편적인 이야기들에 파묻혀 살지만, 마음에 강한 울림을 전해줄 만한 긴 이야기를 접할 수 있다면 지적으로 더 자극받고 많은 걸 배울 수 있을 것이다.

트위터처럼 140자로 제한된 글과 단편적 정보만 읽다 보면 나 자신이 멍청해지는 느낌이 든다. 그러나 때론 다른 곳에서는 결코 볼 수 없는 이야기로 나를 안내하는 정보 덕분에 깨달음을 얻기도 한다.

나는 진심으로 관심이 가는 사람들을 온라인으로 팔로우한다. 내가 팔로우하는 사람이 유치원을 같이 다닌 친구든 아니면 일 때문에 알게 된 사람이든, 나는 그들이 올리는 새로운 이야기들에, 다른 통로로는 결코 접할 수 없었을 이야기들에 주목한다.

가령 토스트를 예로 들어 보자. 누가 토스트에 대해서 알고 싶어 할까? 딴 때 같았으면 나도 시큰둥했을 것이다. 먹고 싶을 수는 있겠지만, 토스트의 역사며 어떻게 캘리포니아에서 명품 먹거리로 유행하게 되었는지 등에 대해 내가 정말 알고 싶을까? 보통 때 같으면 알고 싶지 않았을 것이다. 하지만 어느 날 나는 내 시야를 넓혀 보기로 마음먹었고 이것을 하나의 신호로 받아들이기로 했다. 나는 분열정동성 장애를 앓던 여자에 대해 알게 되었다. 한때 그녀는 이 장애 때문에 변변한 일자리 하나 얻는 것조차 힘들었지만, 2007년 마침내 토스트 가게를 열었고 지금은 직원을 14명이나 두고 있다. 아주 멋지고 흥미로운 이야기였다.

내가 어느 날 모험심이 발동해 흥미로워 보이는 이 뉴스피드 링크를 클릭하지 않았다면, 한 사업가에 관한 놀라운 이야기를 발견할 수 없었을 테고 그녀가 미국 서부 지역에 몰고 온 토스트 열풍에 대해서도 알 수 없었을 것이다.

어린 시절 입양돼 자신의 생모를 찾길 원했던 케이트의 이야기도 있다. 그녀는 자신의 생모가 모험적인 새로운 인생을 찾아 떠난 뒤 인도의 빈민가에서 죽었다는 사실을 까맣게 모른 채 성장했다. 케이트의 생모는 인도의 강가에서 생의 마지막 순간을 맞았고, 그녀에게 잘못이 있었다면 돈을 좀 지니고 있었다는 것뿐이었다. 당시 대마초가 흔하고 '히피 트레일'을 통해 위안을 찾으려는 서양인들이 모여들었던 그곳에서, 많은 젊은이들이 금품을 노리는 사람들에 의해 살해당하곤 했다. 슬픈 이야기가 아닐 수 없다. 하지만 케이트가 드디어 생모에 대한 진실을 알고 심적 안정을 찾을 수 있게 되어 나는 마음이 놓였다.

만약 무의미한 소음들에만 함몰된다면 우리는 샌프란시스코의 명품 토스트 스토리처럼 작은 보석 같은 이야기를 결코 발견하지 못하리라. 얼굴 한 번 본 적 없는 엄마지만 엄마가 자신을 사랑했었다는 사실을 알고 마음의 평온을 찾은 케이트의 이야기도 결코 읽을 수 없을 것이다. 우리가 안전지대를 벗어나는 모험을 하지 않는다면 이런 아름다운 이야기들을 결코 만날 수 없다.

당신의 안전지대를 벗어나라. 소음에 집중하지 말고 의미 있는 신호를 찾아라. 그것은 분명히 당신을 기다리고 있다.

타마르 와인버그
Tamar Weinberg

인터넷 마케팅과 세일즈 전문가다. 소셜미디어 마케팅에 관한 최고의 안내서이자 베스트셀러인 《새로운 공동체가 지배한다The New Community Rules: Marketing on the Social Web》의 저자다. 뉴스 웹사이트 매셔블Mashable에서 일했고, 소셜미디어에 관한 뛰어난 전문성을 발휘해 도메인 네임 등록 대행 사이트 네임칩닷컴Namecheap.com을 영향력 높은 사이트로 성장시켰다.

옮김
안진환

경제·경영 분야에서 활발하게 활동하고 있는 전문 번역가이다. 연세대학교를 졸업한 후 번역 활동을 하며 명지대학교와 성균관대학교에 출강했고, 현재 번역 에이전시 인트랜스와 번역 아카데미 트랜스쿨의 대표로 재직 중이다. 역서로 《스티브 잡스》, 《넛지》, 《아이디어맨》, 《빌 게이츠@생각의 속도》, 《포지셔닝》, 《괴짜경제학》, 《마켓 3.0》, 《불황의 경제학》, 《이코노믹 씽킹》, 《스틱!》, 《스위치》 등이 있다.

버려야만 볼 수 있는 것, 알 수 있는 것, 얻을 수 있는 것
버려야 보인다

초판 1쇄 발행 2015년 8월 25일
초판 3쇄 발행 2015년 9월 18일

지은이 윌리엄 폴 영·앤디 앤드루스·로버트 아우만 등 48명
엮은이 허병민 **옮긴이** 안진환

펴낸이 민혜영
펴낸곳 카시오페아
주소 서울시 마포구 월드컵북로 400 문화콘텐츠센터 5층 출판창업보육센터 8호
전화 070-4233-6533
팩스 070-4156-6533
홈페이지 www.cassiopeiabook.com
전자우편 cassiopeiabook@gmail.com
출판등록 2012년 12월 27일 제385-2012-000069호
디자인 ★규

ISBN 979-11-85952-18-5 03190

이 도서의 국립중앙도서관 출판시도서목록(CIP)은 서지정보유통지원시스템 홈페이지(http://seoji.nl.go.kr)와 국가자료공동목록시스템(http://www.nl.go.kr/kolisnet)에서 이용하실 수 있습니다.
(CIP제어번호 : CIP2015021273)